Itziar Ziga

A feliz e violenta vida de Maribel Ziga

Itziar Ziga

tradução
Maria Barbara Florez Valdéz

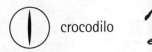 crocodilo   n-1 edições

A feliz e violenta vida de Maribel Ziga

9   **Amor e Morte**
    Jimmy Somerville canta em nossa despedida

17 **Plenitude e Violência**
    A feliz e violenta vida de Maribel Ziga

55 **Pobreza e Sobrevivência**
    O operário é o dono dos meios de produção
    ou meu caralho alado. A mais-valia do
    patriarcado

69 **Revolução**
    No fim, o ópio do povo era o patriarcado

96 Agradecimentos
98 Contra-agradecimentos

A minha irmã Ainhoa, por nossa jovial
sobrevivência juntinhas.
A María Jiménez, a Tina Turner, a Emma Gutiérrez
Vallejos, a Hilaria del Bosque Hermoso, a Moni
Nahia, a todas as mulheres corajosas que, como
minha *amatxo*, sobreviveram ao amor patriarcal
com toda sua luz intacta.
E, é lógico, às que não sobreviveram...
Vingaremos suas mortes destruindo o patriarcado!
A Beatriu Massià, às mulheres da Tamaia,
AO FEMINISMO.
E a Madonna Louise Veronica Ciccone, sempre...

Amor e Morte

Jimmy Somerville canta em nossa despedida

A única anormalidade é a incapacidade de amar.
Anaïs Nin

Bordo-me de cicatrizes... A cicatriz como lugar de reconhecimento, como afetação criativa da sobrevivência e ponto de fuga para uma aliança de frágeis.
Bárbara Muriel

Se podes entregar-te ao vento, podes cavalgá-lo.
Toni Morrison

Enquanto minha mãe entrava em coma irreversível no hospital, Jimmy Somerville cantava em meus sonhos. *You may break the skin but you can't kill the soul I've had all I can take. I'm leaving tomorrow...* Acordei com a terrível mensagem da minha irmã, que estava com ela naquela noite. Voltou à UTI, crise cardiorrespiratória. Soube que era o fim. Ao sair de casa rumo ao hospital com María, janeiro estendia um amanhecer rosa brilhante e os acordes épicos da canção ainda ressoavam em mim. Não voltei a vê-la consciente.

Minha *amatxo*[1] [mãe] e eu adorávamos The Communards, sua música *disco* combativa. Ela achava muito engraçado como Jimmy Somerville se mexia, lhe lembrava uma lagartixa. Sinto que essa bixa no cio com voz de contratenor, que cantava contra a homofobia, contra a crueldade e contra a Thatcher, musicou a despedida mais difícil da minha vida, e serei sempre grata por isso. Mas tem uma coisa: seis anos depois ainda me custa escutar *Tomorrow*, e é uma das minhas canções favoritas desde menina. Mesmo assim, várias vezes ela me toca e me enaltece por dentro.

Morreu poucas semanas depois, no final de janeiro. Eu disse que ela podia partir, que Ainhoa e eu ficaríamos bem, que não ia deixar Ainhoa sozinha, que seu amor precioso e não sufocante de mãe nos tinha predisposto a buscar a felicidade... Apoiei minha testa na dela, olhei nos seus olhos de mel velados pelo coma e falei daquela tarde. Verão, 1987. De repente pensamos em nos deitar no terraço estreito, nunca tínhamos feito isso antes, então corremos pra pegar meu colchão. Era uma dessas mães brincalhonas que fazem coisas consideradas de criança, as mais divertidas. Não conseguíamos parar de rir. Espiávamos os transeuntes por um buraquinho entre os tijolos e gritávamos coisas absurdas pra eles. Ari se uniu a nós, eufórica, e ali permanecemos as três, a mãe, a filha e a cachorra, flutuando numa felicidade absoluta. Relembrei aquela tarde radiante, quase trinta anos depois, e disse que ela podia partir.

---

1 [N.E.] No livro, a autora utiliza algumas palavras em euskera. Nesta edição, sempre que possível, tais palavras foram grafadas em itálico e traduzidas entre colchetes na primeira aparição.

Nós duas estávamos em paz com nossos demônios e com a violência do meu pai.

...

As enfermeiras acabavam de retirar toda a parafernália médica que a sustentou enquanto sua vida se apagava. Eram três ou quatro, tinham nos acompanhado nas últimas semanas com esse saber fazer, tão animoso quanto delicado, pelo qual sempre amarei o coletivo das enfermeiras. Ao me verem, elas saíram sem dizer uma palavra. Acompanharam, sigilosas e presentes, a dor e o amor imensos do momento: jamais vou esquecer dessa coreográfica retirada. Deixaram María e eu com minha *amatxo*.

Estava nua e esplêndida, já sem tubos, nem fios, nem agulhas, nem esparadrapos, em paz. É verdade que esfriamos rápido ao morrer. Eu a acariciei, a beijei, me deleitei olhando pra ela. Aquelas pálpebras de atriz da Hollywood dourada. Providencialmente, levamos licor de mandrágora num cantil e borrifamos em sua pele sedosa pra lamber. Suas tetas, sua barriga, seu umbigo. Beijei aquela lomba de carne da qual eu tinha saído há 39 anos. María disse: vocês até têm a buceta igual!

Minha *ama*[2] teria adorado esse ritual de bruxas tão improvisado quanto ancestral. Honrar o corpo da minha mãe e me despedir dela assim é uma das coisas mais belas que já vivi. Sou adoradora porque minha *amatxo* me ensinou a amar.

Em junho de 2008, ela esteve a um suspiro da morte. Retornou, e eu retornei ao seu lado. Estava vivendo plena e feliz em Barcelona desde o ano 2000, nunca tinha cogitado partir, mas não duvidei nem por um segundo em voltar a Iruñea pra curtir minha maravilhosa progenitora quando a vida nos deu uma prorrogação. Mais uma.

Embora perdê-la tenha me doído em lugares que eu nem sabia que existiam e, por isso, a evocarei até meu último suspiro, sei que morreu num momento crítico pra ela: não teria gostado de continuar com um nível maior de dependência. Antes de dar

---

2 [N.T.] Diminutivo de "amatxo".

entrada no hospital por insuficiência respiratória no final de 2013, já tinha muita dificuldade em atravessar nosso corredor pra ir ao banheiro sozinha. Não queria morrer, mas também não aproveitava tanto a vida ao perder mobilidade inexoravelmente. Ela, que tinha sulcado as mil escadas e as aloucadas estradas de Rentería do alto do seu saltão agulha calibre .38.

Toda noite eu acompanhava quando ia se deitar, como ela fazia conosco quando éramos pequenas. A cobria e beijava, às vezes também conversávamos. Eu sentia então seu desespero, quando, ao apagar a luz, ela encolhia seu maravilhoso metro e cinquenta sob as mantas, embora acordasse contente pela manhã.

Minha *amatxo* morreu em 2014. Ela temia os anos bissextos porque lhe tinham trazido catástrofes, entre as mais terríveis, a morte de uma filha recém-nascida. 2014 não foi bissexto, então acabamos com a maldição. Ainda que nada seja impossível quando você está vivenciando, me abala relembrar os primeiros meses sem ela, aquela dor tão nítida. Muitos meses antes eu já vinha pensando em como reorganizar nossa casa quando ela partisse: houve algo em mim que foi se preparando pra grande perda, que parecia iminente. E foi. Certas madrugadas, me aproximava do quarto dela, deixava de ouvir sua respiração por instantes infinitos, e meu mundo parava. Até ela ressuscitar com um ronco. Eu fiquei com o quarto dela e, desde então, tenho um teto todo meu pra escrever.

Uma noite, ao me deitar na alcova da minha mãe, poucos dias depois da sua morte, fui tomada por um choro trêmulo. Minha irmã saiu do seu quarto pra me resgatar e deitou do meu lado. Mais uma cerveja de órfãzinhas? Anda, vem. Quando nos vimos ali, deitadas na cama dela, cada uma com uma lata de cerveja apoiada sobre as mesinhas redondas da nossa recém-defunta mãe, começamos a rir. Se nos visse, a *ama* diria: ai, estas minhas duas filhas, bêbadas como sempre. Celebrei meus primeiros *sanfermines*[3] sem ela, óbvio, e foram tragicômicos. O que minha *amatxo*, que pisca pra vocês nestas páginas, tem amarrado no

---

3 [N.T.] Festas de São Firmino.

pescoço é um lenço vermelho. Eu usava um vestido carmim de lycra e minhas manguinhas de babados brancos, vermelhos e prateados. Meu rímel estava borrado pelo choro.

Saí de um antro na rua Jarauta, o sol já estava alto. De repente, vi uma giganta dançando no final da rua e corri em sua direção. As gigantas de Iruñea, com seus *txistus*[4], nos fazem segui-las dançando como se estivéssemos possuídas por uma deusa ancestral e manhosa. Era dia de procissão, 7 de julho. Abri meu caminho por entre a multidão imaculada e espremida que esperava há horas. Minha dor absurda me infundiu superpoderes,

4   [N.T.] Instrumento musical tradicional basco.

cheguei à primeira fila. Uma mulher, que estava com suas crianças, reclamou de mim, com toda a razão do mundo. Eu olhei pra ela com olhos fulminantes de louca e disse: não me fala na-da! Pois não te falo, respondeu. Usava mechas loiras e brincos de pérola, não tínhamos como ser mais diferentes. Se pudesse, abraçaria ela agora mesmo.

Quando eu tinha catorze anos, minha *ama* desmontou nossa vida familiar em Rentería pra tentar se afastar do meu pai. Não conseguiu daquela vez. Ainhoa e eu já estávamos em Iruñea, com minha avó e minha tia, com a família da minha *amatxo*. Ela permanecia ao lado do meu pai, tentando vender nosso apartamento. E continuavam sendo um casal. Eu ouvia todo dia que minha mãe era anulada pelo meu pai e me revirava por dentro. Mas naquela época eu não tinha respostas: agora tenho. O feminismo me deu essas respostas, em forma de conhecimento, de luta, de comunidade e de terapia.

Minha mãe e eu sempre falamos aberta e animadamente de tudo. Nunca, nem em plena estupidez adolescente, quando você precisa se separar existencialmente dos seus progenitores, no meu caso só dela, porque só estava unida a ela, erigi qualquer assunto como um muro entre nós. Sempre soubemos que éramos duas, e que éramos cúmplices neste mundo.

Quando eu tinha treze anos, ela abriu a porta e proclamou assim que me viu: você trepou. Acertou, obviamente. A um namorado meu advertiu rindo: ela te contou que é bissexual, puta e drogada?

O maltrato do meu pai não ia ser tabu entre nós. Especialmente depois de nos livrarmos definitivamente dele, tivemos algumas conversas desdramatizadas sobre nossa história compartilhada de violência. Certa tarde perguntei quando ele tinha batido nela pela primeira vez. Buscou na memória: "Acho que pouco tempo depois do casamento. Espera, espera, ele já me enfiou a porrada antes do casamento, agora me lembro! Pediu desculpas, disse que era pelo nervosismo e que nunca mais faria isso comigo. Já viu!". E a gente riu. Uma vez ela me disse, ironicamente: "No começo, depois de cada surra, ele me jurava que não ia fazer nunca mais. Com o tempo, agradeci que pelo menos não tentasse mais me enganar".

Meu *aita* [pai] às vezes olhava pra gente e dizia: acham que eu não percebo que vocês passam o dia rindo da minha cara?

Pouco antes de morrer, numa dessas conversas que tínhamos quando ela ia deitar e eu acompanhava, me disse: "Já não preciso pensar que fui tão apaixonada pelo *aita*, sabe? Já não penso assim". Ela completou seu processo de libertação, ela era a dona da sua própria história. Sabia que eu iria escrever este livro, porque é minha história também. E porque pulsa em mim o desejo revolucionário de contar que não fomos apenas mulheres violentadas, mas que, muitas vezes, fomos extremamente felizes.

Plenitude e Violência

A feliz e violenta vida de Maribel Ziga

Na medida em que realmente se possa superar o passado, essa superação consistirá em narrar o que aconteceu.
Hannah Arendt

A vida é um rascunho que não se pode passar a limpo.
Carmen Canet

O pânico que sentimos cada vez que algo ameaça o amor é uma boa pista para compreender sua importância política.
Shulamith Firestone

Minha mãe nasceu no dia 1 de junho de 1939, num país abismado pela guerra e pela vitória de Franco. Como em tantos outros lares sob a ditadura, não conversavam com ela de política. As dominicanas já se ocupavam de venerar o Generalíssimo[5]. Minha *amona* [avó] só precisou explicar uma vez: não gostamos do Franco. Ela entendeu. Foi a primeira filha, a primeira neta, a primeira sobrinha, uma bênção depois de tanta morte, e um autêntico traste. Nascemos com caráter, todo mundo sabe disso, e minha *amatxo* nasceu com uma alegria de viver indestrutível.

Foi dada à luz na rua Eslava, na parte antiga de Iruñea. Muito perto, na rua Jarauta, ficava a ferraria desse *aitona* [avô] que não conheci e que minha *amatxo* adorava, com seu ar de Federico García Lorca se o fascismo não nos tivesse privado de sua gloriosa maturidade. Ele se chamava José, José Ziga. Não preciso explicar que uso o sobrenome da minha mãe. Tinha vinte anos a mais que minha *amona* e morreu no começo dos anos sessenta. Minha *amatxo* me falava muito dele, com admiração, amor e nostalgia. E me descreveu várias vezes como foi muito difícil a perda, saber que nunca mais o veria. De alguma maneira, minha mãe falando do luto pela morte do pai dela me ajudou a transitar pelo meu próprio luto muitos anos depois, quando ela morreu.

Teclando, acabei de descobrir que *duelo* [luto] vem de dor. Nunca tinha pensado, é exatamente isso. É preciso chorar os seres queridos quando vão embora, pra que não fiquem presos dentro da gente. E passa, e então eles ficam lá dentro, mas com luz e com amor. Com bastante pena também, porque você sempre vai sentir saudades deles. Todo maldito dia. Mas é uma dorzinha boa, gostosa, porque você os teve e lembra deles. Tentar trapacear o luto pra não chorar ficando brava, por exemplo, nunca dá certo. É preciso atravessar a dor maior, e depois passa.

Dois dias após a morte da minha *amatxo*, perguntei a María: vou voltar a ser tão feliz quanto já fui? Sabia que sim, mas precisava perguntar. E sim, lógico que sim. Bem como minha mãe voltou a ser feliz depois da morte daquele seu bom pai que não

---

5 [N.T.] Forma como Francisco Franco era chamado por quem o admirava.

conheci, mas que também me ilumina por dentro. E que anima, eterno e emoldurado, vários cantinhos da minha casa.

Minha *ama* teve um homem bom como pai e um macho agressor como marido. Não existe bom pai que possa livrar as mulheres do patriarcado. Mas sempre me perguntei se esse macho que foi meu pai teria se encolhido diante de José Ziga, pelo menos um pouquinho. Meu *aitona* morreu em 1963 e minha *amatxo* conheceu essa joia de homem, meu progenitor, em 1964. Apesar de que, como diz minha *izeba* [tia], a irmã da minha mãe: seu pai era igualmente fanfarrão e problemático com os homens e com as mulheres. É verdade.

Mas minha *amona* se perguntava a mesma coisa. A mãe da minha mãe se chamava Susana e era uma mulher de pulso firme. Nunca tinha usado essa expressão, mas combina com ela. Matriarca, irmã mais velha das valentes Goikoetxea, hipersociável, hiperativa, resolutiva, letal, tão divertida quanto teimosa. Muitas vezes recitou pra minha irmã e pra mim, com certa rotundidade dramática de quem te revela um segredo que poderia salvar sua vida: "Não confies num homem, nem mesmo quando o vir chorar, pois, com lágrimas, ele te diz: bela surra vou te dar".

Nós, mulheres, crescemos durante séculos num mundo construído contra nós, principalmente desde que nossas irmãs arderam nas fogueiras da cristandade. Aquele feminicídio fundacional que foi a caça às bruxas nos partiu ao meio comunitariamente; pra subjugar o povo, arrancaram das mulheres nosso poder social e sexual. Mas nessa história de que somos bobas só os patriarcas acreditaram, nenhuma de nós realmente aceita ser subjugada. No pior dos casos, aguentamos. Enquanto isso, vamos desenvolvendo estratégias de apoio mútuo e de autodefesa, como esse ditado transmitido entre mulheres desde sabe-se lá quando, que minha *amona* repetia pra gente.

Nunca esquecerei do choro e da raiva dela quando confirmamos o maltrato do meu pai. Eram lágrimas atávicas, dilacerantes, uterinas, de uma mulher nascida em 1910 que não tinha conseguido evitar que uma de suas filhas fosse alcançada por essa violência dos machos que assedia a todas nós. A vi chorar pela mesma impotência da condição feminina um ano depois, na tarde tranquila de um domingo de verão em que subi à sua casa, destruída e aterrorizada. Eu tinha dezesseis anos e um desconhecido tinha acabado de me atacar sexualmente no elevador. Minha *amona* tinha se casado durante a guerra, que em Navarra foi só repressão desde que o golpe militar de Estado triunfou de primeira. Foram passar a noite de núpcias numa pensão da parte antiga de Donostia. Ela levou uma camisola feita sob medida, cor creme, com uma renda lindíssima sobre os ombros, que se adentra timidamente no decote, com suas iniciais bordadas: SG, Susana Goikoetxea. Mas ficou com vergonha de usar, nunca estreou. Uma tarde, quando ela já rondava os oitenta anos, me mostrou a camisola: quando eu morrer, será para ti. Aqui está, como o tesouro que é, pendurada na parede vermelha do meu corredor. A única educação sexual que as mulheres recebiam era: vergonha, perigo, pecado. Ainda assim, ela adorava dançar. E quando adolescente, escapava pela janela nas festivas noites de verbena. Loucos anos vinte! Imagino ela como uma melindrosa de alpargatas.

    Porém, ela pertencia a uma estirpe de mulheres mandonas, e ainda por cima era a mais velha: governava a casa como se fosse um quartel feminino. E acabou tendo uma filha endemoniadamente travessa. Tem uma foto da comunhão da minha mãe na qual ela parece escapar da moldura. E assim foi, porque antes do almoço seu vestido imaculado já estava cobertinho de barro. Meu *aitona* era um homem amável que não precisava elevar a voz pra mostrar seu caráter, e muito menos bater. Só uma vez chegou em casa todo acabado, com cara de quem tinha se metido em briga. Minha *amona* perguntou surpresa o que tinha acontecido. Estava tomando um vinho numa das tabernas que os homens da época frequentavam na parte antiga de Iruñea, agora também frequentadas animadamente por mulheres, incluindo suas netas, quando alguém chamou ele de germanófilo. O que significa, perguntou minha *amona*. Não sei, só sei que pareceu uma razão pra brigar. Como se xingavam no pós-guerra!

    Naquele tempo, o hospital militar ficava na frente do colégio das dominicanas. No meio, a ruela estreita pela qual ainda sobem insanos e desenfreados os touros nos *encierros*[6]. Empoleiradas sobre o vaso sanitário e através de uma janela alta, escondidas das freiras, minha *amatxo* e outras coleguinhas inexperientes cortejavam os soldados doentes. Eles perguntavam: e como você é? Ruiva de olhos verdes, igualzinha a Rita Hayworth. Suponho que eles também eram belíssimos: essa história de ter um avatar canônico e sublime não nasceu com a internet. Tampouco a de sonhar com o amor como paraíso futuro no meio da dominação. Mesmo sendo um paraíso armadilha.

Minha *ama* era uma ótima estudante, queria chegar à universidade pra cursar Filosofia e Letras e ser professora. Mas deveria ter se matriculado em Valladolid, e em meados dos anos cinquenta não se admitia que uma garota pudesse viver longe da família. Então começou a trabalhar na mercearia de uma tia, de uma Goikoetxea. Ela me contava sem raiva isso de que, por ser mulher, seus estudos superiores e seu futuro profissional se frustraram. Quem ficava com raiva era eu, principalmente pela desigualdade patriarcal comparativa. A família do meu pai deu a ele a oportunidade de estudar o que quisesse. Ficou vários anos em Madrid, nos contava histórias da sua juventude louca e mulherenga. Mas nunca terminou seus estudos de perito contábil. Um dia tenho que ir atrás do histórico acadêmico dele, só por curiosidade. Soltava a típica frase "falta só uma disciplina pra eu me formar" de quem não passou do primeiro ano do curso. Mas, lógico, tentava me sentenciar: você é uma grande empreendedora, mas nunca termina o que começa. Ainda bem que nunca tentei demonstrar nada a ele, sequer que estava errado. Hoje eu daria risada, até sentiria ternura, ao ver suas notas.

Holidays com a Secção Feminina

Minha *ama* tinha um grupo de amigas com quem passeava, ria e se deslumbrava pelos rapazes. Inclusive, às vezes iam às festinhas clandestinas que uns irmãos bem maneiros organizavam em

---

6 [N.T.] Ato de encerrar um touro na rua e persegui-lo, tradicional em festas típicas da região.

Iruñea. Pura diversão juvenil numa ditadura católica e militar no começo dos anos sessenta. Minha *ama* era muito unida a sua amiga Pili e, em algum momento, as duas arrumaram namorados galegos que eram amigos. Tem uma história, que acho fascinante, que é quando, num verão, elas foram visitar os dois... numa viagem organizada pela Secção Feminina[7]! Suponho que a missão era se benzerem diante do apóstolo Santiago, mas, pra elas, a peregrinação levava aos seus namorados. Eu perguntei mil vezes pra minha *amatxo*, intrigadíssima, como tinham tido a ideia de se jogar num plano com esse tentáculo falangista especializado em doutrinar as mulheres na subordinação. E ela me respondia, tirando a importância: era a única maneira de viajarmos sozinhas. Porque, já em terras galegas, escapuliram de quase todas as atividades pra ficar com seus namorados, e também pra passar o dia sozinhas na praia de Las Catedrales. Entonar outro *Cara al Sol*[8] matinal não devia ser tão terrível em troca de umas férias do jeito delas.

Minha *ama* tinha um hábito muito divertido: recortava alguém de uma fotografia pelo motivo que fosse, ou a si mesma caso se achasse gorda, mas depois esquecia de jogar o pedacinho censurado fora, que reaparecia várias vezes entre o montão fotos. Assim conheci Octavio, o namorado galego da minha mãe. Era moreno, bem gato, fiquei maravilhada. Eu falava pra ela, zoando: *ama*, sou filha do Octavio, né? E ela me respondia: você sabe que não. E eu: porque você ficou com o canalha! Ela liquidava a conversa com uma verdade existencialmente irrefutável: se não, vocês não existiriam.

Muitos anos depois do nosso pedacinho de Octavio se perder em alguma mudança, o próprio retornou encarnado. E nos mostrou o cara legal que eu sempre soube que era: minhas fantasias infantis sobre o antagonista do meu maldito pai não erravam. Ele queria reencontrar, quarenta anos depois, aquela namorada navarresa que sempre recordou com carinho.

7 [N.T.] Ramificação da Falange Espanhola, organização de inspiração fascista, destinada às mulheres.

8 [N.T.] Hino falangista.

Marcaram na Plaza del Castillo, minha *ama* me contou por telefone. Eu, em Barcelona, queria saber tudo. Nisso devo ser parecida com meu não-pai galego, sou igualmente novelesca e sentimental. Porque assim que se viram, ele pediu que sentassem num banco. E chorou. Minha *ama* sentiu ternura, um pouco de vergonha e outro tanto de comicidade, assim me contou. Eu também me emocionei, naquele tempo ainda estava revoltada com nossa história compartilhada de violência: demorou muitos e frutíferos anos pra que nem um instante de dor na vida da minha mãe, da minha irmã e minha, pudesse me ferir. Pensei que Octavio teria se impressionado não só pelo passo do tempo através da minha *amatxo*, como pelas décadas que pra ela acarretaram ser machucada pelo homem pelo qual se apaixonou e com quem compartilhou sua vida. Lógico que ele não sabia até que ponto meu pai foi um marido bosta. Em 2007, a violência machista ainda era um segredo aberto, escancarado, e nenhuma mulher resumia: me casei, me separei, tivemos duas filhas e quase não te conto. De qualquer forma, minha *amatxo* só falava da brutalidade em sua vida com minha irmã e comigo. Como todas as pessoas que sofreram de verdade, a última coisa que queria era despertar pena.

Mantiveram contato telefônico amistoso até o final, minha *ama* também costumava falar com a mulher dele. Conservo como um tesouro nacarado a enorme concha rosada que Octavio trouxe pra minha mãe naquela tarde mitificada na minha memória em que se confirmou o que desde pequena eu precisava saber: que sempre houve homens amáveis que não machucaram as mulheres, mesmo podendo fazer isso e sair patriarcalmente impunes.

E o canalha do meu pai entra em cena

Tanto lá em casa quanto na casa da minha *amona*, entre a avó, a mãe, a tia e as filhas, meu progenitor sempre foi conhecido como "aquele canalha" ou "o canalha do pai de vocês". Minha *amatxo* chamava ele diretamente de Caifás, que deve ser um cretino bíblico, e de Mameluco. Não sei quem são os mamelucos.

Também nos referimos a ele como o *aita*, lógico. Morreu em junho de 2004. Fazia doze anos que não tínhamos contato algum com ele, era impossível. Minha mãe falou o "acabou" definitivo pra ele quando conseguiu, após quase três décadas de relacionamento. E me dói, me inflama, que questionem as mulheres por continuarem ao lado dos homens que as maltratam: não há nada mais difícil neste mundo do que ser mulher e largar um agressor. Assim funciona o patriarcado, e não foi exatamente a gente que inventou.

O instante de toda a minha conturbada vida que mais continua me impressionando, aquele que ainda me congela o sangue, foi quando me debrucei sobre o lancinante abismo dos olhos da minha mãe quando ela soube que ia se separar do meu pai pra sempre. Foram alguns segundos, ela logo recuperou sua força, sua alegria, sua dor, seu cansaço, sua leveza... mas eu vi aquela devastação, e me dominou até a rejeição. A rejeição que os espelhos inesperados causam na gente às vezes: eu viria a compreender, com o tempo e com minha vida. Mas voltemos trinta anos atrás, em 1964.

Meu *aita* voltou a Iruñea após seus loucos anos madrilenhos sem diploma universitário, transbordando sua proverbial fanfarronice. E se exibia nos bares, falando aos berros, pagando rodadas. Era piadista e tinha momentos brilhantes, ainda que ao seu lado a raiva era quase garantida. Sempre foi o que parecia: um macho violento e briguento. Em algum momento, minha mãe e ele se cruzaram. Começaram a sair, ela se fascinava pelos seus olhos cinzas quando ia buscá-la: achava que brilhavam de amor, mas era colírio. Ele tinha curtido uma noitada – como faziam isso sem drogas? Ela se apaixonou loucamente, e ele começou a controlar o seu mundo. Se agora as garotas frequentemente passam as senhas das redes sociais pros seus namorados como prova de amor, como seria em plena ditadura militar católica?!

Minha *amatxo* parou de se relacionar com suas amigas sob pressão: não podia nem dizer oi. Pili recordaria pra minha *ama*, sendo já duas mulheres maduras e separadas, diante da minha presença maravilhada, como nunca deixou de gritar "tchau, Maribel!" quando se cruzavam pela rua. Porque quando voltou a Iruñea, depois de se distanciar do meu pai pela penúltima vez, minha *ama* retomou o contato com elas, pra sempre. Não havia rancor, nem reclamações. As mulheres sempre compreenderam como funciona o patriarcado, embora não o chamassem assim. Percebemos o que nos cerca, o que nos asfixia, a nós e às nossas. E, quando uma amiga nossa arranja um marido ruim, muitas vezes significa perdê-la: sempre soubemos disso. Os maridos são como os melões, só que historicamente obrigatórios na vida das mulheres: há indícios prévios antes de abri-los, mas nem sempre se sabe como vão ser. Por isso lutamos sempre, sozinhas e em uma multidão feminista, pra poder escolher nossas frutas e comer quando a gente quiser.

Eu sabia quem eram elas por fotos, e porque minha *amatxo* tinha me contado mil histórias das suas amigas de juventude. María Ángeles arranjou um ótimo melão. Lembro da sua ternura irresistível com minha *amatxo* quando vinha visitá-la no hospital, nos últimos dias: tem homens que parecem ter nascido pra embelezar uma *txapela* [um chapéu]. Já no cemitério, nos contou o baita desgosto que sentiu quando soube que uma joia como Maribel tinha começado a sair com um cretino como meu pai. Continuo sem saber se é preferível ou não avisar uma apaixonada que seu príncipe vai lhe dar uma vida de merda. Ángel esteve diante desse mesmo eterno dilema meio século antes.
Se você avisa, é possível que ela se afaste de você e não dele, mas algo vai ressoar dentro dela quando as coisas forem se torcendo, porque ninguém começa a maltratar desde o primeiro dia.

O amor romântico é a cola mágica do patriarcado, senão a troco de que nós, mulheres, engoliríamos tanta desvantagem estrutural? Somos socialmente educadas na empatia, no cuidado do outro acima do nosso próprio cuidado e na manutenção do vínculo. E também na violência: pra sermos violentadas, isso sim. Essa ameaça perpétua, que a qualquer momento pode impactar, e muitas vezes impacta, contra cada uma de nós. Nosso gênero é um *thriller* romântico. Nenhuma mulher escolhe ser maltratada, mas está tudo montado pra que nos custe horrores, inclusive nossa vida, deixarmos de ser. Por que uma garota como minha mãe, tão esperta, tão flamejante, tão cativante, tão bem rodeada, tão querida, tão amorosa, tão atrevida, tão fantástica, tão iluminada, aguentaria tudo aquilo?

Foi pesadíssimo

Sobrevoo furtivamente as lembranças da violência do meu pai, foi terrível. Não sei quantas vezes presenciei como ele batia brutalmente na minha *amatxo*. Cem? Duzentas? Impossível contabilizar. Mas vou fazer aqui um resumo antológico. Nunca na minha vida escrever algumas linhas será tão difícil pra mim. Só faço isso porque devo. Porque devo isso às mulheres, aos homens, à humanidade que quer virar a página do patriarcado. Lá vai: lamento fazer isso com você, seja quem estiver me lendo.

Em qualquer momento e sem nenhum motivo real, ele explodia com minha *amatxo*. Batia com seus punhos na cabeça e no corpo dela. Nunca sabíamos quando ele ia parar, e isso era terrível. Eu ficava sempre olhando, vigilante, sem poder fazer nada. Cuidando dela, embora não pudesse protegê-la. Ainhoa se escondia em outro quarto, aterrorizada. Foi horrível pra nós duas. Meu *aita* me disse muitas vezes que, desde que me viu recém-nascida, soube que eu ia lhe dar problemas. Lembro de uma noite em que chegaram, e ele, revoltado, me soltou um: às vezes não quero nem voltar pra casa pra não te ver. Eu não era capaz de sorrir quando ele começava a ficar nervoso. Aprendi a chorar sem lágrimas, mas meus olhos diziam tudo. E ele não suportava isso, porque não suportava a si mesmo.

Às vezes, arrastava minha *amatxo* até nosso quarto, quando já dormíamos. E batia nela entre minha cama e a da minha irmã. Acontecia quando saíam pra uma festa e ele resolvia brigar. Então, Ainhoa não podia escapar. Uma vez parou, nossa luz se apagou, pensamos que ele tinha saído porque já não ouvíamos gritos. Então escutamos ele sair do quarto de novo, foi atrás dela de onde dormia, acendeu de novo nossa luz, e as porradas recomeçaram, outra vez no meio de nossas camas e de nosso choro.

Outra noite, decidiu trancá-la na sacada. No inverno. Às vezes era muito sádico. Ela batia nas persianas, nós não podíamos fazer nada. Em algum momento consegui dormir, de pura impotência. Acordei quando deixou ela entrar, horas depois.

Ao voltar do colégio, numa tarde qualquer: porrada. Ainhoa escondida, eu presente. Um dos seus socos a derrubou no chão da cozinha, de costas. Mas, naquela vez, minha *amatxo* ficou imóvel, com os olhos fechados. Eu me debrucei sobre ela, não respondia. *Ama, ama, ama...* Ele se revirava no corredor, como um leão enjaulado: não faz isso comigo, Maribel, não quero ir pra cadeia. Xinguei ele. Pensei que tudo tinha terminado.

Pra mim é impossível saber quantos anos eu tinha então. Sete, oito, nove? Mas minha *amatxo* viveu mais três décadas desde aquela tarde. E foram um presente.

Chorava sobre ela enquanto tentava reanimá-la. Em dado momento, suas pálpebras tremeram. E aqueles belíssimos olhos cor de mel se abriram. Ficamos totalmente a sós. Ajudei para que se sentasse numa cadeira da cozinha, eu do seu lado. Ela me perguntava: o que aconteceu? Eu dizia: o *aita* te bateu e você perdeu a consciência. De novo. O que aconteceu? O *aita* te bateu e você perdeu a consciência. O que aconteceu? O *aita* te bateu e você perdeu a consciência... Tive que repetir isso vinte vezes pra ela, pois seu cérebro se reiniciava. Mas eu estava aterrorizada, não sabia se ela ia voltar totalmente a si. Tive pavor de a perder pela segunda vez na mesma tarde. Sua maravilhosa consciência voltou.

Eu devia ter sete ou oito anos. O próximo e ineludível ataque do meu pai contra minha mãe me apavorava tanto que comecei a inventar meus rituais. Lembro de brincar com os veios do piso de madeira, com a maneira de fechar minha cama dobrável com os galhos dos pinheiros que adentravamo a varanda do primeiro andar. Lembro do meu desespero e da minha tentativa de aplacar como fosse a angústia pela violência vindoura com aqueles truques, que aumentavam meu martírio a troco de certa fuga em que eu não quis me precipitar. Não sei quanto tempo durou, mas cheguei a me sentir no abismo da sanidade. E da dor.

Em algum momento, decidi abandonar esse caminho por um futuro que tinha que ser meu. Tremo sempre ao me evocar naquela encruzilhada, sendo tão pequena. E abraço aquela menina que abandonou seus atormentados rituais pra escolher a realidade, a maldita realidade. Porque aceitá-la não significa acatá-la. Desde então, sei que sou fortíssima. Vulnerável, flexível, e absurdamente forte.

Terror patriarcal/paranormal

Há muitas maneiras de gerir essa violência superior e cotidiana que chega com tudo quando você é uma criança: eu desenvolvi terrores paranormais. Sei que direcionei pro fantasmagórico uma parte do medo que não podia assumir. Assim aprendemos, na infância, a lidar com os avatares desta coisa maravilhosa chamada vida, sobre a qual não temos controle total, sejam quais forem nossas circunstâncias. Minha *amatxo* tinha tido dois ataques de catatonia quando pequena: na noite de lua cheia após ter escapado do colégio das dominicanas pra ir ao cinema assistir *O Lobisomem* com umas amigas; e ,numa noite de nevasca em Allí, um povoado na serra de Aralar, em que uma nogueira batia na janela. Na primeira, chegaram a chamar um médico a domicílio, anos quarenta. Ela me contou que estava paralisada, e que começou a reagir pouco a pouco quando o doutor perguntou a ela: qual é o seu nome? onde você está?

Já adulta, minha *amatxo* continuava sendo fantasiosamente impressionável, embora pudesse controlar sua imaginação e não temesse mais a noite. Às vezes dormíamos juntas na cama dela. Ela e meu pai logo decidiram deixar de compartilhar o quarto, por sorte. Quase sempre era eu que pulava pra cama dela, mas às vezes nós duas preferíamos isso. Anunciaram *A noite dos mortos-vivos*. Bora, vai: vamos assistir. Assim que saiu uma mão da tumba, poucos segundos após começar, desligamos a TV e fomos dormir juntas. Hoje eu avisto zumbis e me grudo na tela como uma ventosa multiorgásmica.

Ela me contava que seu medo fantasioso se evaporou ao se tornar mãe, quando sentiu que havia uma criaturinha que precisava da sua proteção. Eu passei muitas noites em claro, aterrorizada, e já sendo uma mulher. Até uns dez anos atrás, quase nunca conseguia dormir sozinha numa casa. Do que eu tinha tanto pânico, que me obrigava a permanecer alerta e sofrendo até amanhecer? Dos espíritos, nos quais não acredito. Me custou horrores vencer o que não existe. Eu não tive uma recém-nascida pra me encorajar, mas tive A Vero.

Madrugada de sábado, primavera em Barcelona. Trabalhava nos finais de semana como garçonete e desejava descansar naquela noite. Principalmente, não queria cair na esbórnia pra evitar meus fantasmas: gosto demais de festa pra forçá-la. Naquela época, eu morava no bairro Raval, num *loft* de oitenta metros quadrados diáfanos e tetos altíssimos, com o qual ainda sonho. Foi meu por um ano. Era um palácio antigo e, em tempos de industrialização e revolta operária, tinha alojado uma fábrica têxtil: perfeito pra organizar bailes, tanto de vivos quanto de mortos. Minha amiga Verónika Arauzo me entendeu, subiu comigo e percorreu o espaço, vociferando: deixem a Itzi em paz, deixem ela em paz. Eu precisava controlar meus medos paranormais agora que tinha chegado ao cerne das minhas profundas dores patriarcais, e contei com a ajuda de uma bruxa transexual pra vencer eles.

Consegui rir dos meus fantasmas com uma amiga, e assim eles desapareceram. Os sortilégios chegam quando você está preparada pra seguir em frente sem essas proteções que, de alguma forma, te serviram na infância. Pra dominar meus medos, primeiro os aceitei como meus, os amei como meus, falei pra eles que não eram a garota feia com quem ninguém queria ir ao baile de formatura, e que ainda sairíamos várias vezes com Carrie, e com a endemoniada Niña de Medeiros de REC, e com todas as glamourosas bruxas interplanetárias que quisermos inventar. Mas que nossas noites já não seriam retorcidas: aproveitaríamos a partir de então.

"É certo que a imaginação sempre pode abrir qualquer porta, virar a chave e deixar o terror entrar", disse Truman Capote. Mas continuar sofrendo tanto com meus monstros animados, sendo já uma mulher, seria como fabricar pra mim mesma fantasias sexuais que não me excitam, então acabei aprendendo a pilotar meus medos noturnos. No meu tempo. No meu conto, uma bruxa chamada Vero me ajudou a romper meu próprio feitiço naquela preciosa madrugada. Nós duas tínhamos trinta e quatro anos. Não há nada que uma mulher transexual não possa enfrentar.

Vero me deu boa noite, me beijou e lá se foi, me deixando sozinha, tranquila e contente no palácio. Assim, finalmente consegui dormir em meus domínios.

A autossugestão é portentosa. Mas eu, quando menina, passei pavor de verdade algumas noites. Os costumes mudaram, não julgo minha mãe, sequer meu pai, por deixar Ainhoa e eu, tão pequenas, sozinhas em casa pra irem a festas. As coisas se misturavam, porque eu não podia dizer que me assustava tanto assim. Nunca falei nada pra não deixar meu pai cismado. E pra proteger minha *amatxo*. Como é que eu ia falar pra ela que naquelas noites sozinha em casa eu ficava agarrada nas cobertas, morta de medo? Quando meu *aita* saía da caverna dele no sábado à tarde e dizia: Maribel, hoje vamos sair, ela tinha que sair. E meu tormento começava.

Desde que eu ouvia a porta se fechar, até voltarem, quase nunca alcançava o alívio do sono. Todas as ameaças do submundo eram convocadas na minha cabeça. Em algum momento da noite, chamava minha irmã: Ainhoa, tá acordada? Ela, que é três anos mais velha que eu, costumava me dizer, sonolenta: me deixa dormir. E me tranquilizava um pouco saber que ela não tinha medo, porque decerto então não havia perigo. Eu tatuaria este sortilégio da poeta AJO: "Não há perigo o bastante para tanto medo que temos".

Mas numa daquelas minhas vigílias horríveis, só uma, porém grande e terrível, minha irmã não respondia. Ainhoa, Ainhoa... Ainhoa, Ainhoa... Ainhoa, Ainhoa... Até que ela pronunciou as palavras que eu jamais quis ouvir: me deixa, que eu também tô com medo. Pela menina apavorada que fui tantas noites, decidi olhar os monstros de frente.

Quase sempre os ouvia chegar, o saltão agulha calibre .38 da minha *amatxo* se aproximando na madrugada. Suas vozes, amiúde suas risadas. Mesmo que, às vezes, depois viessem os golpes e o horror, também me lembro das noites delirantes e divertidas nas quais quiseram compartilhar a alegria rolezeira com suas filhas ao chegarem em casa. Especialmente numa em que meu *aita* estava cheio de energia. Ele sentou na minha cama e nos ensinou o hino falangista. Minha *ama* falou pra ele: por que ensinar essa porra de música se elas já se livraram de ter que aprender? Ele respondeu, rindo: caso voltem.

Quarenta e quatro anos depois de sua morte, acabaram de tirar os restos do ditador do lugar que mandou os vencidos construírem pra ser venerado. Minha *ama* e meu *aita* foram sempre da esquerda independentista basca, mas eu sei o *Cara al sol* por termos sido extremamente felizes naquela noite.

A outra Itziar

Entre Ainhoa e eu, minha mãe pariu uma menina que morreu poucas horas após nascer. Ia se chamar Itziar, e assim eu fui chamada. Uma vizinha agoureira se escandalizou ao me ver recém-chegada em casa quando minha *amatxo* falou meu nome pra ela: vocês a condenaram à morte. Que mente brilhante, e eu que pensei que tinha nascido imortal! As insolências que as mulheres têm que aguentar quando se tornam mães, as insolências que nós, mulheres, aguentamos neste mundo fodido. Minha *amatxo* me contava que durante mais de um ano ficou com o cu na mão por conta de sua filha malfadada. E quis que ela, que foi gerada, tivesse um lugar em casa. Não era uma sombra inominável, não devem nunca ser isso. A gente se referia a ela como a outra Itziar. Minha mãe não pôde vê-la; meu pai não quis, pra não sofrer. Minha avó sim, lógico. Com lágrimas, mas com todo o amor e a valentia de quem dá e cuida da vida, deu boas-vindas ao mundo àquela criaturinha que não ia poder ficar.

Minha *amatxo* vivenciou nas próprias carnes o extremo patriarcal da medicalização do parto: deu à luz as suas duas primeiras crianças completamente ausente, anestesia geral.
A mulher estava enchendo tanto o saco no próprio parto que, já que podiam calar suas vontades, por que não se livrar totalmente da consciência dela? Desde que eu era pequena, me contou que a tinham interrompido nos dois primeiros partos; me estremecia até os ossos imaginar ela tão indefesa e minhas irmãs tão desamparadas. A história médica ocidental da misoginia é mais aterrorizante do que qualquer *thriller*, porque aconteceu.
E continua acontecendo. O patriarcado é puro *snuff*.

Primeiro nos perseguiram, acusando a gente de conhecer e usar as propriedades das plantas, de ter sexualidade, maternidade e ideias próprias, de nos juntarmos com as vizinhas. Nos detiveram e torturaram, nos aterrorizaram, nos obrigaram a delatar umas às outras, nos traumatizaram, nos queimaram vivas, pra que nem nossa lembrança transcendesse, nos apagaram da História. Ao mesmo tempo, fundavam as universidades, o conhecimento regrado e usurpado, de onde nós, mulheres, fomos automaticamente excluídas. Durante séculos, continuaram nos perseguindo por ter sexualidade, maternidade e ideias próprias. Construíram cárceres e martírios especiais pra nós, nos declararam inconstantes, endemoniadas, pervertidas, menores, inferiores, até mesmo anjos do lar. Nos lobotomizaram cirúrgica e culturalmente. Nunca nos rendemos.

Minha *amatxo* pariu completamente sedada em 1971 e em 1972: na primeira vez ela quase morreu, na segunda, morreu sua filha. Ela me deu à luz em 1974, já acordada. Várias vezes me contou a maravilha que foi me ver e me sentir, recém-saída do seu corpo. O delírio das nossas peles em contato pela primeira vez, êxtase que foi roubado dela com suas duas primeiras filhas. Adoro quando as mulheres e outros gestantes narram seus partos pra mim, são sempre histórias apaixonantes. A diferença significativa costuma estar na raiva das que sofreram intervenção médica e se sentiram desrespeitadas. Como não vamos brigar como leoas pra recuperar nossos partos?! A propósito, minha *amatxo* não nos amamentou: seu leite desnutria minha irmã mais velha. Acho que todo este livro é uma prova de que o vínculo mãe-filha não se ressente pela falta de lactância.

Devia ser inverno, já tinha anoitecido. Ou talvez fosse dia, mas na caverna do meu *aita* quase sempre reinava a escuridão. Chamou as quatro, minha *ama*, Ainhoa, nossa cachorra Ari e eu: tinha algo a nos comunicar. "Estive falando com a outra Itziar, perguntei a ela quem trouxe a desgraça a esta casa. Foi a Ari? E ela me respondeu: não, foi aquela que me matou para poder nascer". Silêncio. "Era isso". Silêncio. "Já podem sair". Nós quatro nos levantamos e saímos para a luz.

Minha *ama* me disse: não dá bola, você já sabe que ele tá louco. A quem estiver lendo isto: pode rir, pra mim até que tem graça, embora às vezes as pessoas fiquem muito impressionadas quando conto. Somente o alheio nos parece insuportável. Imagina as três humanas, a mãe e as duas filhas, sentadas na outra cama. A cachorra, uma bastarda vira-latas, esperta e encantadora, no chão, também sentada. Imagina um quarto com as paredes forradas de fumaça, uma persiana baixa, suas pesadas ripas de madeira tortas. Imagina um homem deitado, de pijama, desses pijamas de poliéster que asfixiam a pele e que deveriam ser proibidos por decreto, imagina a ridícula solenidade dele ao nos anunciar um despropósito desses.

Eu já sabia que era sua antagonista, ele me disse isso mil vezes. Na verdade, tratava nós três igualmente mal, só que de maneiras diferentes. Meu *aita* gerou três meninas, viveram duas; mas sei que teria doído nas entranhas dele se Ainhoa e eu acabássemos com um homem como ele ao nosso lado.

Certa tarde me debrucei sobre o seu abismo

Meu pai abrigava dentro de si uma escuridão muito densa, muito profunda, muito angustiante, e se enterrou em vida. Sem tentar justificar o dano que ele nos infligia, minha *amatxo* me disse uma vez: ele não tá bem da cabeça, tem algo falhado. Durante a semana, levantava às cinco da madrugada pra abastecer a peixaria no porto de Trintxerpe. Minha *ama* chegava horas depois pra atender as clientes. Ele dava voltas pelo bairro de Gros, cada vez mais só. Quando voltavam pra casa ao meio-dia, se enfiava no quarto dele, onde a persiana estava sempre baixa e quebrada. E ali permanecia, jogado na cama, fumando tabaco preto e ouvindo rádio no escuro, até que o despertador voltava a tocar às cinco da madrugada. Em algum momento indeterminado da minha infância, parou de comer conosco na cozinha.

Passava os finais de semana recluso na caverna. Sua depressão permitiu que nós três aproveitássemos nossa preciosa cotidianidade sem muitas interferências. Embora a irrupção do meu pai frequentemente acarretasse assédio, violência e, inclusive, a antessala da morte, minha *amatxo* construiu pra gente o mundo que tinha dentro dela: cálido, divertido, estimulante, empático e disparatado. Como tantas mulheres da sua geração, foi uma mãe intuitiva. E foi melhor do que nas fábulas. Quando, aos quinze anos, descobri e me encantei pelo anarquismo como formulação política, eu já era libertária funcional, graças à minha mãe.

Existiam dois mundos na minha casa: a caverna do ogro e o resto dos espaços pelos quais fluíamos despreocupadamente, a escuridão e a luz. Embora o ogro muitas vezes devastasse nosso mundo, nós três logo o reconstruíamos: essa alegria cotidiana foi nossa verdadeira sobrevivência. Depois de bater nela, sempre voltava a se fechar na caverna, e o abismo entre nós e ele se tornava insondável até o dia seguinte. Numa daquelas tardes dolorosamente frequentes na minha infância, depois de me certificar de que minha *amatxo* estava machucada, porém bem, adentrei a caverna. Eu devia ter nove ou dez anos. Chamei à porta, *aita*, entrei. Ele permanecia sentado na cama e eu me sentei ao seu lado. Estava abatido, nos abraçamos chorando. Lembro que conversamos sobre nosso amor pelos animais e sobre algum outro assunto desses que elevam o espírito: ele era incapaz de verbalizar a própria tragédia. Nunca mais voltei a visitá-lo depois dele ter agredido minha mãe, mas sei que a ponte que construí naquela tarde pra me aventurar até o outro lado antecipou o lugar não traumatizado que dei a mim mesma no mundo. Um mundo que continua sendo tão machista quanto o mundo onde me criei, mas onde nós não estamos mais isoladas: o feminismo nos refez e nós nos juntamos. E onde eles também podem não estar tão sozinhos, e podem deixar de ser tão perigosos, tão desgraçados, tão impossíveis.

A liberdade, a alegria e as dioptrias

Certa tarde, jogadas no sofá da minha infância, madeira preta e enormes almofadas beges que, como todos os móveis do nosso cativante apartamento proletário, cintilantes ou foscos, sem meio-termo, minha *amatxo* tinha escolhido, a admirei e abri meu coração: você é tão bonita quanto as mulheres dos anúncios.

Eu tinha cinco anos, e ela, quarenta. Sei disso porque tinham acabado de me receitar óculos. Foi a professora do jardim que disse pra ela: acho que a Itziar não enxerga bem, os desenhos dela são abstratos demais. Lembro do oftalmo proclamando um glorioso: senhora, sua filha te reconhece pela voz. Mais de doze dioptrias hipermiópicas em cada olho, lá em casa não tinham se dado conta. Minha *ama* achava que tinha tido uma menina desastrada, ao me ver bater nos obstáculos com os quais eu cruzava. Segundo meu *aita*, eu tinha muito mundo interior, daí que não me interessasse pela TV: na real, só lembro de um feixe de luz esbranquiçada e disforme. Sempre apertei os olhos pra rir e pra enfocar. Na primeira noite, coloquei os óculos ao lado da minha cama e falei: *ama*, gosto dos meus oculozinhos quase tanto quanto gosto de você. Eu a amava tanto, a amo tanto.

    Em muitas tardes de verão, minha *ama* nos levava à praia de La Concha. Subíamos no desengonçado ônibus azulão, sempre deixavam os modelos mais antigos pro trajeto Rentería-Donostia: seu destino era arder num dia qualquer de protestos. Descíamos no bulevar e, em meio aos tamarindos, chegávamos à praia. Assim que conseguíamos um canto no tetris de toalhas, eu ia direto pro mar. Minha *amatxo* e Ainhoa eram de sol e areia, eu sou de água, nunca parece hora de sair. Ficava sozinha, embalada pelas ondas e pelo burburinho estival durante horas, leve e contente. A maré subia ou descia, a multidão feliz ia mudando de forma. Em algum momento, eu decidia que precisava voltar à terra, não porque desejasse. Esta onda e já saio, a próxima e já saio, aquela mais distante e já saio. Continuo nessa. Uma vez verticalizada, não tinha a menor ideia de onde estava nosso assentamento. Tampouco enxergava bem. Lógico, estava sem óculos. Começava a fazer ziguezague entre as toalhas, às vezes as encontrava rápido. Outras, tinha que dar muitas voltas. Ainhoa pegava logo no sono e minha *ama* lia seu romance da semana dando cabeçadinhas, mas o sono ganhava. Alguma senhora me via perdida e tentava me ajudar. Inclusive, numa tarde, falaram meu nome pelo megafone da praia. Minha *ama* estava dormindo profundamente, e umas vizinhas de areia acordaram ela: você não veio com outra criança? Essa despreocupação da minha *amatxo*, dentro do seu amor imenso e do seu cuidado, caiu muito bem pra minha liberdade. Completei quarenta anos já sem ela, com ela sempre. E tomei banho de mar com suas cinzas naquela noite, na baía de La Concha. Não achava minhas amigas ao sair da água, óbvio.

Como todas as crianças suburbanas daquela década, Ainhoa e eu crescemos na rua, livres e selvagens. Morávamos num bairro de conjuntos habitacionais, em frente ao porto de Pasaia. Aterros verdes fluorescentes, nimbos cinzas e claridade brilhante sobre as torres, o estrondo dos estaleiros, vento sul e essa maldita umidade salgada que me faz sentir em casa. Multidões interagindo sem controle adulto graças ao *baby boom* do final da ditadura, antes de a vigilância permanente sobre as vidas infantis ser instaurada. Liberem as crianças de tanta atividade extraescolar e de tanta reclusão, deixem que ocupem as ruas!

As noites e as risadas com Presen

Desterrada de seu mundo pelos quilômetros e pelo meu pai, minha *ama* arrumou uma amiga com a qual viveria muitos dos momentos mais belos e explosivos daqueles violentados anos. Elas se conheceram na mercearia do bairro, minha *ama* correu pra cumprimentar aquele presente de mulher bélica que acabava de colocar outra cliente impertinente em seu lugar. Passavam muitas tardes juntas, mas o negócio delas sempre foi a noite. Lá em casa nunca tivemos horário pra deitar, e quando minha irmã e eu começamos a sair à noite, anos depois, a *ama* tampouco marcou uma hora limite pra nos buscar: por sorte, estamos estragadas pros bons costumes. Durante a semana, Ainhoa sempre caía no sono antes, eu ficava com a *amatxo* até que decidisse ir pra cama. E então, muitas vezes ela descia até a casa da Presen, onde batiam papo até bem tarde da noite. Minha *ama* dormiu pouco naqueles anos: tinha que madrugar pra atender na peixaria de segunda a sábado, mas a cumplicidade com Presen compensava o cansaço e a crueldade de sua vida. Graças à minha mãe, sempre soube que nós, mulheres, não podemos transitar pelo patriarcado sem amigas.

Ao escutar, da cama, a porta se fechando, imaginava minha *ama* atravessando nosso anguloso bairro de conjuntos habitacionais sem outra alma além dela na noite. Não avisava nem precisava. Quem mais tocaria a campainha a essas horas a não ser Maribel? Era alegremente recebida na casa da amiga. Nunca conheci outra família como a da Presen: têm ataques de riso contagiantes, com vontade, apertando os olhos. E não é como se naquela casa faltassem penúrias e injustiças; de uma ou de muitas maneiras, elas não costumam faltar em casa alguma.

Rir é uma predisposição, um costume, e também uma escolha. Você decide resistir às dores e às opressões, não perder o bom da vida. As visitas da minha mãe à casa da Presen eram como tacar gasolina no fogo.

Ela também tinha nascido em Iruñea, pra onde seu pai republicano foi enviado sob vigilância quando a guerra acabou como acabou, até que o fizeram desaparecer pela maquinaria de terror franquista. Minha *amatxo* e ela não se deram durante muitos anos, mesmo tendo se criado nas mesmas ruas, mas Presen dizia: você não iria brincar comigo, você frequentava as dominicanas, e eu a escola pública. A mãe dela morreu quando ela ainda era uma menina. Acabou maltratada por umas freiras que enchiam o bucho, porque fascistamente podiam, com uma criança órfã de um jovem vermelho e de uma moça solteira e *euskaldun* [basca] nascida em Zumaia. Acho que não chegaram a se casar porque ele era separado e, obviamente, Franco aboliu o divórcio que as mulheres tinham conquistado em 1931. Sei de tudo isso porque minha *amatxo* me contava as cumplicidades noturnas delas, consigo ver as duas conversando na cozinha da amiga que eu tão bem conheci, e pra qual às vezes volto, embora nunca tenha estado com elas em suas horas das bruxas. Só uma daquelas freiras foi amável e carinhosa com Presen, irmã Begoña, e assim chamou sua filha, que conhecemos como Mirentxu. Nós bascas também usamos o nome de Maria. Graças a essa história da amiga da minha *amatxo*, soube que basta apenas uma pessoa do seu lado na infância e você será possível. Mas você precisa de pelo menos uma.

Presen morava no décimo segundo andar de um dos prédios, e, numa noite de vendaval, os copos de vinho começaram a deslizar sozinhos pela mesa. A falta de elasticidade é incompatível com a arquitetura. E com a vida. Minha *ama* que me contou, e é por isso que às vezes as visualizo despertas e cúmplices em meio a um mar escuro e ameaçador. Várias mulheres do meu bairro pularam atormentadas dos prédios ou tomaram um último gole de álcool 96º, eram mães de outras crianças do meu colégio, minha alma se encolhia. E eu me perguntava se não tinham tido pelo menos uma amiga pra desabafar, pra afastar a morte. Uma amiga já é muito, porém a decisão de seguir pulsando não se resolve com um balanço de prós e contras: a vida me ensinou isso. Minha *amatxo* me falou uma vez, radicalmente empática como era: dizem que se suicidar é uma covardia, mas acho que tem que ser muito valente.

Eu sentia que todas as mulheres do meu bairro, começando pela minha mãe, eram perseguidas pela mesma sombra, que às vezes ficavam sem ar. Sufocadas pela precariedade, o desenraizamento e o machismo. Como Carmen Maura olhando pro vazio tentador da sacada do seu bloco de apartamentos, ao final de *Que fiz eu para merecer isto?*, de Pedro Almodóvar, sem dúvida, o melhor retrato da mulher operária desesperada.

Também lembro da minha *amatxo* no começo dos anos oitenta traficando com as vizinhas e com as clientes da peixaria aquelas misteriosas dietas xerocadas: todas estavam sempre pretendendo emagrecer. Ela, inclusive, chegou a dormir embutida num casaco de plástico preto, e não foi a única, como se suar e se martirizar implicasse perder peso de verdade. Presen e minha *ama* começaram a fazer juntas um regime que incluía passeios. Caminhavam uma hora pela tarde, entre prados, hortas ilegais e conjuntos habitacionais, sob esse céu cinzento que me eleva a alma. Às vezes, escoltadas pela nossa cachorra. A *amatxo* costumava chegar se mijando de rir, literalmente. Iam a Biarritz colocar o DIU juntas, e voltavam falando que o ginecologista era tão gostoso que dava vontade de experimentar com ele. Não importava o que fizessem, se divertiam pra caramba juntas.

O pinto do meu pai

Quando chegavam do trabalho ao meio-dia, meu *aita* se despia no banheiro. Como bom macho, deixava tudo jogado pra minha *ama* recolher. As botas cano alto de borracha verde oliva. Eu ia atrás dele, adorava esse ritual diário. Coberto só com uma camiseta branca, de suspensório, como se prestes a gritar *Estelaaa*, mijava em pé enquanto eu olhava pra ele dali a escassos centímetros. Meus olhos ficavam na altura do pinto dele. Era fascinante, pura curiosidade infantil pelo corpo humano, sua mecânica carnal e sua diferença. Ele sorria. Nunca se incomodou, nem me fez sentir que tinha algo sujo ou inapropriado, porque não tinha. Serei eternamente grata ao meu *aita* e à minha *ama* pela naturalidade a respeito da nudez e do sexo com a qual nos criaram. Tem tanto puritanismo neste mundo fodido, cristianizado à força, tanto! E faz tão mal.

Naquela tarde, eu devia ter uns seis anos e estava fazendo os deveres da escola, no sofá, com minha *amatxo* ao lado. Uma parede nos separava do quarto do meu pai, e ele gritou: Maribel! Ela fechou a porta ao entrar, e logo entendi quando abri pra perguntar alguma coisa. Minha mãe cavalgava pelada sobre meu pai. Muita gente já pegou os progenitores trepando, algo que é como voltar ao instante da nossa criação. Sei que no momento fiquei um pouco balançada, mas se eu mesma me propiciei uma vida sexual dilatada, multitudinária e suculenta, por que me importaria com as fodas alheias? Bem pelo contrário. Pouco ouvimos nossas vizinhas transando: sexo e discrição são energias diametralmente opostas. As lembranças são recriações do que vivemos: esta foi uma das minhas batalhas com este livro-harakiri, o que não quer dizer que não sejam autênticas. A imagem da minha *ama* e meu *aita* trepando naquela tarde é luminosa, não só porque resolveram a cena sem constrangimentos, também graças a que soube defender minha plenitude sexual diante de toneladas de doutrinamento católico e estraga-prazeres, histórico e circundante. E foi justamente em casa onde me mostraram que não há pecado na luxúria.

Meu *aita* me deu muitos conselhos sexuais que não deixei de aproveitar na vida. Ele me dizia pra buscar o orgasmo, que não me conformasse caso não gozasse e que nem cogitasse fingir. Ele me dizia que a Igreja tinha queimado muitíssimas mulheres sob acusação de bruxas pra acabar com a sexualidade delas. Ele me dizia que nós, mulheres, tínhamos um botãozinho na parte de cima da buceta que nos dava um prazer enorme, por isso tentavam fazer com que não usássemos, que em algumas culturas inclusive o amputavam. Ele me dizia que às vezes já estava acabado e minha *amatxo* continuava acesa se tocando até ele se recuperar. Ele me dizia que minha *ama* era multiorgásmica. Ele me dizia que todas as garotas sentimos atração por nossas amigas, e que eu nem pensasse em perder o sexo com outras mulheres. Ele me dizia pra foder muito quando fosse maior, porque eu era uma menina quando ele me dizia todas essas coisas.

Nunca houve nada sexualmente abusivo da parte dele, com nenhuma de nós. Há anos, quando eu manifestava que meu pai foi um agressor, e sempre digo isso, por mim e por todas as minhas companheiras, pra romper o pacto de silêncio patriarcal que me sufocou quando menina, em algum momento, eu explicitava que ele não foi um estuprador. Nós, mulheres, sempre fomos, entre nós, depositárias dos nossos horrores patriarcais: muitas me contaram que foram abusadas sexualmente na infância por homens de suas famílias ou do seu entorno. Nos estratos inferiores da pirâmide patriarcal, entre as bonecas quebradas pela violência dos machos, as vítimas do abuso sexual na infância sempre estão mais abaixo: nós todas precisamos derrubar essa pirâmide infame, desde a base. Ao compreender isso, decidi não enfatizar que meu pai não foi sexualmente abusivo, justamente pra não reforçar esse estigma, por mim e por todas as minhas companheiras. também não me defino somente como sobrevivente da agressão machista, por todas as minhas multidões de irmãs que, diferentemente de mim, não sobreviveram à mesma violência profundamente sistêmica e brutal que alcança todas nós. Conheço mulheres bravas, com uma belíssima vida sexual, que sofreram abuso quando meninas.

Fico contente de ter aprendido uma valiosíssima lição sexo-afetiva a partir do que vi em casa quando pequena, isso sim: meu desejo é inseparável do bom trato. Vi isso em mim ao compreender que, como minha *amatxo*, me custa horrores me afastar de alguém quando já existe amor e o maltrato começa, e reforço continuamente minha decisão de proteger essa parte preciosa, infinita, leve e luminosa que sempre me salvou. Não deixei que, aos quinze anos, um estuprador me fizesse um mal tão profundo e defendi meu desejo acima de tudo. Minha sexualidade me guia melhor do que tudo no mundo.

Meu *aita* não só me encorajava a me divertir com os corpos das minhas amigas: era um macho violento, mas detestava a homofobia. A humanidade e sua prodigiosa diferença dentro da repetição cultural. Mais de uma vez me contou esta história, com dor e raiva. Meados dos anos sessenta, Donostia. Ele tinha um grupo de amigos boêmios e, quando iam a um bordel, meu pai e outro rapaz ficavam tomando um trago, sem entrar nos quartos. Ele me dizia que só gostava de trepar com alguém que quisesse trepar com ele, e já namorava minha *amatxo*. Por bem ou por mal, meu *aita* era homem de uma mulher só. De repente, o amigo que tampouco ficava com as putas desapareceu. Meu *aita* procurou por todo canto, até que o encontrou escondido e surrado. Então contou o que meu pai já intuía, que preferia se envolver com outros homens. E que um delegado da polícia com quem ele tinha tido intimidade carnal passou a persegui-lo. Sob a *Ley de Vagos y Maleantes*[9] republicana, na qual Franco incluiu homossexuais, muitas bixas acabaram tomando eletrochoque em instituições psiquiátricas. Meu *aita* ajudou o amigo a fugir de Donostia pra outra cidade de que não recordo, e perderam contato. Nunca se esqueceu dele. Não chegou a ver o casamento gay legalizado, morreu um ano antes. No dia 3 de julho de 2005, chorei de emoção e de vitória, e brindei ao céu também por ele, por seu amigo e por todas as bixas da História, valentes e malfadadas.

---

9 [N.E.] Lei espanhola criada em 1933, na Segunda República. A modificação mencionada ocorreu em 1954.

Meu maldito velho e o mar

Eu devia ter doze anos quando meu *aita* anunciou que tinha conseguido um barco com amarração no porto de Donostia. O dono já não saía pra pescar e vendeu bem barato, ou deu de presente, nem lembro mais. Só tínhamos que pagar pela vaga no porto, que hoje seria proibitiva. Mas em meados dos anos oitenta, uma família periférica em ruína perpétua, como a nossa, podia curtir um pedacinho de paraíso na baía de La Concha. A gentrificação se consumou no centro de Donostia com a mesma precocidade que em Manhattan.

Era um barco com motor, mas sem cabine, uma *txipironera*[10], e se chamava *Me encanta*. Meu *aita* sempre falava que ia pintar e mudar o nome, queria batizá-lo como suas filhas. Até que ficava puto com a gente e então ameaçava chamá-lo de Ari, como nossa cachorra. Ainhoa e eu continuamos rindo, trinta anos depois, daquela chantagem pueril. Eu adorava que se chamasse *Me encanta* e vivi naquele barco os melhores momentos com o abismo de homem que foi meu pai.

O ogro saiu de sua caverna depressiva e passamos tardes de verão encantadoras, ancorando pela baía. Sempre estava feliz no barco. Ele pescava, e eu flutuava na água, ou lia, ou simplesmente ia no embalo das ondas, extasiada pela plenitude do mundo. Compartilhávamos o esplêndido silêncio, inclusive conversávamos. Sempre digo que meu pai acabou com minhas baterias pra discutir, porque ele polemizava tudo, mas nunca no barco. Numa tarde de sol radiante me contou que, como o som se propaga por ondas, todas as palavras ditas estão em algum lugar do universo. Coitado do universo!

Quando algum peixe-escorpião desventurado fisgava o anzol, eu fugia pra água: não queria vê-lo sufocando sob o sol. Ele se dirigia aos peixes com o mesmo tom, entre carinhoso e brincalhão, que aos morangos e às flores que plantava em nosso terraço. Numa tarde pescou um polvo, ou pensava que

10 [N.T.] Barco próprio para pescar lulas.

sim. Testemunhei da água aquela batalha, que evoco como um mangá. Eu incentivava o octopus, que venceu meu pai. Ou melhor, salvou a própria vida. Naquela noite, por sorte, não se jantou polvo lá em casa. Maravilhosos seres, já estão construindo cidades submarinas a base de conchas, tomara que nos despejem do mundo. Imagina o que eu poderia fazer com oito braços, bem deusa Durga!
Eu adorava meter e tirar nossa lancha do porto, socar bem forte nas ondas. O único veículo motorizado que sei dirigir é um barco. Também não remo mal, basta um pouquinho de coordenação, e outro tantinho de lógica. Já vi novatos dando voltas em balsas como frangos sem cabeça. Ficávamos naquela baía magnífica que, como minha amiga chilena Klau Chinche me disse, tem um nome que significa buceta. Circundávamos a ilha de Santa Clara. Nem minha *ama* nem minha irmã eram muito marítimas. Por coincidência, na única vez que meu pai quase naufragou, perto de Gros, estava com minha *amatxo*, que mal sabia nadar. Ela se angustiou muito até alcançar a areia: nunca mais subiu no barco. Era a mesma coisa com as balas de borracha que a polícia lançava contra a população de Rentería, como se fôssemos presas em plena caçada: uma vez dispararam contra a minha *ama* e meu *aita* enquanto corriam escada acima pela ladeira de Alaberga, ela foi atingida.

Acabou... quase quase

1979. Eu tinha cinco anos; Ainhoa, oito. A *ama* fechou a porta da cozinha, me lembro da angústia dela. Nos perguntou: se eu me separasse do *aita*, com quem vocês ficariam? Ainhoa disse que não sabia. Eu respondi: contigo, *ama*. Separa. Pode parecer uma pergunta forte demais e inapropriada pra duas meninas, mas naquela época o divorcio não tinha sido legalizado, faltavam dois anos, e regiam as leis franquistas, napoleônicas de origem, nas quais nós, mulheres, éramos menores de idade por toda a vida. A possibilidade de ser acusada de abandono do lar e o medo de que nos arrancassem dela, caso deixasse meu pai, eram muito reais. Minha *ama* se sentia desesperada e sozinha. Não voltou a cogitar a separação nos próximos oito anos ou, pelo menos, não verbalizou isso.

Minha *amatxo* decidiu concluir sua desventura matrimonial em 1988. Fomos conspirando a separação durante meses. Em muitos domingos, ela e eu íamos passar a tarde em Irun, na casa de uma amiga dela. Eu escutava as duas se darem força na cozinha de Angelines, compartilhavam a fraude que o amor e a fundação de família tinham sido pra elas, ainda que nos amassem. As mulheres daquela geração se casaram porque deviam e se divorciaram quando puderam. Pelo menos, minha *amatxo* fez isso. Angelines também. E pôde fazer amigavelmente, Patxi era bacana.

Ela decidiu que nossa nova vida sem o ogro seria em Iruñea, de volta à sua cidade. Primeiro, nós três aterrissaríamos na casa de sua mãe e de sua irmã, e dali iríamos procurar nosso lugar. O ogro já não era tão ogro, começou a sair quase todas as tardes com o furgão, tinha conseguido outro trabalho. Arrumou definitivamente a persiana do quarto dele e a luz entrava. Já não era fisicamente violento, mas dava no mesmo. Numa tarde de junho, minha *ama* lhe disse que queríamos falar com ele. Sentamos nos sofás da sala de estar, a família toda, cachorra incluída. Era uma imagem nova, nunca tínhamos nos reunido ali com ele, nunca tínhamos compartilhado esse espaço de distensão. Minha *ama* comunicou que iria se separar, que venderiam o apartamento e que nós três começaríamos uma vida nova, sem ele, em Iruñea. Minha irmã e eu tínhamos decidido ficar ali, pra se acaso ele botasse as manguinhas de fora, mas foi o contrário.

Aceitou a notícia sem objeções, com aparente dignidade e certa tristeza. Mostrou seu lado *pantojo*[11] só pra se fazer de despeitado com minha mãe, e ela transbordou lágrimas. Meu *aita* tinha uma mala de couro marrom que aguardava em cima do armário, como se a qualquer momento ele pudesse pegá-la e retomar uma juventude mítica longe de casa, longe de nós. Alguma vez abriu a mala pra nos mostrar uma lembrança de suas andanças madrilenhas, mas era território íntimo dele e nunca o

---

11 [N.T.] Referência ao pantojismo, práticas performativas de feminilidade dramática inspiradas na cantora Isabel Pantoja.

profanamos. Naquela tarde intensa e crucial, abriu a mala sobre a cama e tentou devolver pra minha mãe umas fotos dela emolduradas que tinha sido presente pra ele quando se apaixonaram. Melodramático total. Foi aí que minha *amatxo* chorou, enquanto dizia: são suas, fica com elas.

Em seguida, ele propôs: Maribel, já que vamos nos separar, por que não voltamos a dormir juntos? Fizeram isso e, de repente, parecia que tinham sido recauchutados. Mais do que nunca, passamos aquele verão entre Rentería e Iruñea. Nós três, é óbvio; fazia muito tempo que meu pai não pisava na casa da minha *amona*, nem ela ou minha tia vinham à nossa. Meu maldito pai era impossível, menos pra nós, que tivemos que aguentar ele por mandato heteropatriarcal. O plano tinha dado certo, exceto por um pequeno detalhe: ao se separarem matrimonialmente, desfazerem a família e tirarem as filhas de casa, principalmente quando, em setembro, começou o semestre acadêmico em Iruñea, minha mãe e meu pai iniciaram um novo namoro.

Durante muito tempo, ao relembrar aquela encruzilhada, que acabaria prolongando a presença tóxica do meu pai em nossas vidas por mais quatro anos, pensava que minha mãe tinha sido engambelada: até eu a vitimizei vez ou outra. Agora sei que foi ela quem decidiu; sempre decidimos, ainda que sob pressão. Vai ver quis tirar umas férias da vida adulta e aproveitar, não só o melhor do que tinha tido com meu pai (sexo, festas, risadas, sol, praia, efervescência e certa cumplicidade perdida), como também a irresponsabilidade passageira de ser trabalhadora, cuidadora e mãe. Já tinham fechado a deficitária peixaria, meu *aita* estava imerso em seus novos negócios misteriosos, que lhe proporcionavam bastante tempo livre: o verão perfeito. Minha *amatxo* tinha acabado de completar 49 anos, comprou uma saia tubinho e estava esplêndida.

Outra questão é que, depois do amor de verão, tudo voltaria aos trilhos patriarcais. Já fazia tempo que ele não batia na minha mãe e não voltou a bater, mas o desprezo e outros ataques psicológicos continuaram, até que nos livramos definitivamente dele. Ainda que o macho se vista de seda...

Não lembro por que meu pai e eu discutimos, mas, voltando a Rentería naquela noite de verão em que minha *ama* tinha anunciado a separação, ele ameaçou me deixar jogada no porto de Azpiroz. Eu recém tinha completado catorze anos. Em alguma curva, ele parou o carro. Desde então sei que utilizam essas extensões mecânicas das suas picas imaginárias contra nós. O lado do copiloto se chama o banco do morto. Da morta. E lembrei disso muito tempo depois, com outro macho, nas estradas do Baztan e puta comigo mesma por não ter aprendido a lição vital. "Nesta curva você me matou"[12], passou pela cabeça dele. Senti pânico e raiva, voltei de carona.

Tanatopolítica versus biopolítica: da caverna do ogro ao quartel feminino

As teorias se compreendem de verdade quando você pode aplicá-las à sua própria vida. Assim me aconteceu com Foucault: minha irmã e eu transitamos naquele verão da tanatopolítica à biopolítica. O ogro do meu pai exercia seu poder ameaçando a vida; na casa da minha *amona*, a ordem consistia em controlá-la. No cotidiano e até no mínimo do mínimo. É o que eu chamo de quartel feminino: muitos lares funcionam assim. Tem que lavar a louça utilizada logo após cada refeição, tudo está regulamentado, não pode ter poeira sobre os móveis, nem teias de aranha pelos cantos, tem hora marcada para tudo e você não pode adormecer no sofá porque não, nem se ausentar da mesa, nem se trancar no seu quarto. Não existe intimidade, nem improviso. Mesmo sendo especialista em me dar orgasmos explosivos e hieráticos em qualquer transporte público, naquela época eu me trancava no banheiro pra tocar siririca em liberdade.

Tá, era a casa delas, minha avó e minha tia viviam tranquilamente e, de repente, duas adolescentes foram acopladas. Enquanto isso, minha mãe, que tinha causado aquele alvoroço todo, ficava em Donostia metendo o louco com o canalha do meu pai, supostamente dando um trato no apartamento pra

---

12 [N.T.] Referência a "En esta curva me maté yo", frase de uma história de terror popular em que uma moça morre em um acidente de carro, e que se transformou em meme no contexto espanhol.

vender, mas, ao mesmo tempo, namorando com ele. Demorou vários meses pra voltar a Iruñea, e aquela etapa foi talvez a mais angustiante da minha vida. Eu me senti abandonada por ela em terras desconhecidas e no meio de um vendaval. Embora, como tudo na vida, também tenha tido seu lado cômico.

Em Rentería, Ainhoa e eu tínhamos começado a sair e a beber, éramos e somos bastante cachaceiras. Eu com doze anos e minha irmã com três a mais, íamos dançar numa discoteca meia-boca. Pegamos uma época musicalmente infame: Modern Talking, Rick Astley, C.C. Catch... Não falo, veja bem, de matinês, elas nem existiam. Dois ou três cubas-libres por noite. Nunca me pediram o documento. Pra minha irmã e suas amigas, às vezes sim. Quinze anos, pra dentro. Completamente ilegal mesmo naquela época, mas muitas leis ainda não se cumpriam: o Estado também estava fazendo sua transição da tanatopolítica à biopolítica. Ainhoa e eu agarrávamos metade da discoteca. Quero dizer que não era como se duas adolescentes certinhas tivessem aterrissado no quartel.

Nos deram um horário pra voltar aos sábados, cedíssimo. Já no primeiro, chegamos trêbadas. Ainhoa nem conseguia falar: eu disse que ficaria na salinha com elas, disfarçando, e que era pra ela deitar na cama. E estava loquaz demais, não conseguia me calar, mas ao mesmo tempo me sentia superconvincente. Então, já na cama, minha irmã fez das suas, vomitando a parede toda como se sua boca fosse um aspersor.

Bobagem de pirralhas, impossível enganar minha *izeba*: não há ninguém no mundo que ganhe dela celebrando os *sanfermines*, ninguém. Quando você a ouve contando todos os que viveu, só deseja que o mundo seja uma festa. E eu, só de teclar isso, sinto o furor de 6 de julho se apoderando de mim. Inclusive, nasci num *sanfermín*. Isso sim. Outra coisa era ter que lidar com duas estampas do céu adolescentes, em plena ciclogênese explosiva familiar e hormonal.

Quando menstruávamos, minha *amona* nos obrigava a dormir com panos sob as calcinhas que tínhamos que lavar ao acordarmos. Graças a ela, sei que o sangue sai esfregando com água fria e sabão. E igualmente graças a ela, não costumo usar calcinha. Era uma matraca, às vezes das mais divertidas. As avós do futuro, inclusive do presente, já não dirão: use sempre calcinhas limpas, imagine se você sofrer um acidente e acabar no hospital. Também nos fazia esticar uma toalha plástica de listras brancas e azuis na metade da cama e, por cima, uma faixa de lençol que ela tinha cortado, mas que sempre saía, plastificando nosso sono. Ainda assim, quando uma mácula da nossa feminilidade conseguia milagrosamente contaminar o colchão, vi ela eliminar a mancha esfregando uma escova de dentes velha como uma possuída. Minha *amatxo* costumava esquecer seus tampões sanguineamente gotejantes num canto da banheira, prefiro sempre o amado e negociado arbítrio.

A casa da minha *amona* não era um ambiente hostil, mas era bastante sufocante pra minha irmã e pra mim, pra minha *amatxo* também. Ela, que justamente tinha se criado nesse quartel feminino, e que ao se casar encontrou o ogro, abrigava dentro de si um mundo novo. Assim nos criou, em comunismo libertário, tranquila, criativa e alegremente funcional. E assim suas filhas conviverão sempre. Anarquia e cerveja fria, nada melhor.

Os meses passavam, o inverno se aproximava, e minha *amatxo* continuava em Rentería. Num sábado pela manhã, subi o vale do Roncal sozinha: precisava ver o mar. Andei pela praia de La Concha, nimbos tenebrosos e claridade brilhante, amo os nimbos. E fui visitar Eva no meu antigo bairro: o plano de separação familiar da minha *amatxo* tinha interrompido nossa amizade quando éramos ainda criaturas celestiais. Eva morava no bloco contíguo ao nosso, desci pra visitar minha mãe. Nunca tivemos telefone, interfonei. *Ama*, tá sozinha? Tô, pode subir. Nessa época eu não falava com meu pai.

Tinham pintado todas as paredes de cinza bem clarinho, o papel de parede rococó impregnado de nicotina não existia mais. Tudo brilhava, deu pena não ter morado naquela casa. Não lembro o que conversei com minha *ama*, era verdade que estava tentando vender o apartamento, mas fui embora muito triste. Sempre que sonho com minha casa da infância, aparece como a vi, só por uns minutos, na última vez: luminosa.

Finalmente venderam o apartamento, e ela veio pra Iruñea, mas, a cada dois fins de semana, voltava a Donostia pra ficar com meu pai. Ainhoa e eu ficávamos na casa da *amona*, a situação ali era insustentável. Minha *izeba* passava o dia criticando minha *ama*, sua raiva era compreensível, mas não adianta nada pressionar uma mulher na encruzilhada da violência e do amor. Na verdade, não adianta nada pressionar ninguém. Quando muito depois o feminismo e Barcelona me deram a Tamaia[13] de presente, elas me explicaram que acompanham cada mulher, respeitando seus processos, seus tempos. E acabei ficando em paz com aquele inverno conturbado da minha adolescência, com as besteiras que minha *ama* fez, com o quanto achei minha *izeba* injusta com todas nós, embora pudesse entendê-la.

Numa tarde de fevereiro, minha tia expulsou minha mãe de casa. Saímos as duas à procura de algum lugar pra passar a noite. Escureceu, chovia, nunca vou entender por que todas as pensões da parte antiga de Iruñea nos disseram que estavam lotadas. Na minha lembrança, aquela noite era tão escura que não havia postes de luz. 1989, óbvio que havia. Era imenso nosso desamparo. Finalmente, ela foi acolhida por uma vizinha da minha *amona*. Na tarde seguinte, tínhamos um plano: de um orelhão, ligamos pra vários apartamentos de estudantes com quartos vagos. Achou um de primeira, numa casa enorme e luminosa da Bajada de Labrit, onde viviam várias universitárias. O paraíso!

Minha *amatxo* tinha quarenta e nove anos na época e se dava super bem com as garotas, manteve contato com várias durante anos. Lembro que fez um trabalho de literatura pra uma delas, que tirou uma puta nota. Sempre me ajudava a estudar as disciplinas de humanas, porque a gente adorava divagar sobre história e arte. Pouco tempo depois chegou, ao apê compartilhado e às nossas vidas, uma mulher chilena que tinha vindo fazer doutorado em publicidade em Iruñea, de idade mais próxima à da minha *ama* do que do resto das garotas. Era professora universitária, estava separada do marido e tinha dois filhos e uma filha, os quais planejava trazer. A cumplicidade entre elas foi instantânea e frutificou uma amizade alegre e profunda

---

13 [N.T.] Associação de mulheres contra a violência doméstica.

que duraria sempre. Ela se chama Lucía e, desde então, o sotaque chileno me faz sentir em casa.

E a louca Domínguez entrou em nossas vidas

Certa vez, Lucía nos contou que chamavam ela assim em Concepción, talvez por sua gargalhada estrondosa e maravilhosa. Dá gosto estar com pessoas de risada contagiante, porque são conectivas, inclusivas, generosas. E, como sabemos, nós, mulheres, somos loucas, malvadas, putas, ou tudo junto, principalmente quando nos negamos a corrigir umas às outras. As duas amigas recentes alugaram os apartamentos de suas renovadas vidas a um minuto de distância uma da outra. Foram chegando do Chile os dois filhos e a filha de Lucía, e fundamos, entre ambas as famílias monomarentais, algo como uma gangue jovial, intergeracional e transatlântica. Fluíamos de uma casa à outra, bastava interfonar e era sempre um bom momento pra subir. Seus filhos achavam minha *amatxo* e as expressões dela muito engraçadas, ela foi carinhosamente apelidada de *La Lela*, e nós começamos a falar coisas como *güevón culiau*[14] [sacudo rabudo]. Em minha adolescência desterrada, ainda que a adolescência seja um maravilhoso e imprescindível desterro pra se transformar em quem você é por dentro, Lucía e sua prole foram um oásis.

Minha *amatxo* já trabalhava em várias casas e continuava indo a Donostia a cada dois fins de semana pra ficar com seu namorado, nosso pai, que, como era de se esperar, acabou se enfiando no nosso paraíso. No começo, só a cabecinha, bem devagarinho e de vez em quando. Pelo menos consegui curtir o barco por mais dois verões. E recuperamos a Ari, pra sempre. Até que, num meio-dia qualquer, ao voltar do colégio, ela não estava mais me esperando na porta, e eu não queria nem subir em casa. O amor canino é tão bom!

Meu pai era o mesmo energúmeno de sempre, só que mais velho. Tá certo que já não batia na minha *ama*, mas o nível de

---

14 [N.T.] Corruptelas de "huevón" e "culeado", expressões coloquiais chilenas geralmente amistosas.

ofensas foi subindo, pra compensar. Cada vez que lembro dele depreciando aos berros as maravilhosas tetas da minha mãe porque tinham perdido a firmeza juvenil, sinto vontade de ressuscitá-lo só pra dar uma porrada na sua cara. Ela pariu suas três filhas, seu cretino. Ficamos um ano inteiro sem nos falarmos, morando na mesma casa. Não era a primeira vez. Acho que, durante toda a sexta série, nem nos dirigimos a palavra. Certa manhã, eu acordei insolada e acabei desmaiando no corredor, onde ficaram uns pedacinhos dos meus dentes. Ele me ergueu e fomos juntos à emergência. Aí, voltamos a nos falar.

Como todo agressor, meu *aita* não queria ninguém de fora em casa. Era muito fácil, agia como um cretino e ninguém vinha. Mas uma tarde deu de cara com Lucía. Começou a ser um babaca com ela. Consigo vê-la na nossa salinha, de pé, apoiada na janela. Ela deixou que ele espraiasse sua impertinência, não dizia nada, olhava-o fixa e sossegadamente. Até que soltou: "já sei o que você pretende, quer que eu não venha a esta casa. Mas esta é a casa da minha amiga, e eu vou vir sempre aqui". Foi como se o feitiço patriarcal tivesse se rompido naquele instante.

Uma vez, estávamos almoçando. Não lembro por que meu *aita* e eu discutimos. Então eu disse algo que jamais tinha verbalizado, não pensei, me saiu do fundo da alma: nunca vou esquecer de como você bateu na minha mãe. Ele me pegou pelo pescoço, apertou forte, minha *ama* e minha irmã gritavam, cheguei a ficar tonta. Soltou, e eu saí de casa correndo. Não nos vimos mais. Não queria me matar, mas não suportou que eu o fizesse se lembrar da própria violência, porque nem ele a suportava. Sei o que se sente quando te estrangulam, porque cheguei perto. Acho que deve ter mortes piores. Eu tinha dezoito anos.

O tempo com ele tinha acabado. Minha *amatxo* demorou umas semanas pra juntar toda a sua força e expulsá-lo. Eu tinha acabado de começar o curso de Jornalismo em Leioa, morava em Bilbao. Fui a Iruñea num fim de semana, não podia ir à minha casa porque ele estava lá. Minha mãe não me traiu, estava machucada, mas fez o que tinha que fazer. Eu estava na casa da Lucía desabafando, quando ela me disse: "Não se preocupe, Itziar, sua mãe vai largar seu pai, tenho certeza. Mas pra você ficar mais tranquila, sem se angustiar com o futuro, eu pago sua faculdade, se precisar". Amo Lucía. Bom, teria sido só uma quarta filha pra bancar na universidade. Ela não lembra disso, eu agradeci imensamente.

Lucía tinha vaticinado: expulsamos o ogro e ela teria a porta da nossa casa sempre aberta. Com o tempo, voltou ao Chile, mas às vezes vem visitar. Estou evocando as duas na minha cozinha, na última vez que se viram, poucos anos antes da minha *ama* morrer. Lucía dizia pra ela, rindo, como sempre: "Maribel, quando a gente for velhinha, mas bem velhinha, a gente podia namorar sem sexo e morar junta, que tal?".

A última porrada do maldito pai de vocês

Ainhoa manteve relação com nosso *aita* por uns meses, foi ele quem parou de vê-la. Eu mandei um bilhete pra ele através dela, contando algo que tinha aprendido na universidade sobre crítica política, falei que ele tinha contribuído com coisas muito boas. Ele me respondeu com outro bilhete, que eu logicamente conservo, me dizendo coisas bonitas do seu jeito, e também que gostava de mim. Fico feliz que nosso último contato não tenha sido o de suas mãos na minha garganta, porque é óbvio que a gente se gostava. Houve amor além da violência, embora a violência pareça destruir tudo.

Não soubemos mais nada dele até nos avisarem da sua morte, em junho de 2004. Eu morava em Barcelona. Naquela tarde, ao voltar pra casa, tirei da caixa de correio uma carta do registro civil. Era a cópia da minha certidão de nascimento, na qual tinham mudado a ordem dos meus sobrenomes a pedido meu, relegando o dele pra colocar o da minha mãe na frente. Ali estava sua assinatura, ele tinha me registrado quando vim ao mundo. Tinha isso em mãos enquanto escutava a mensagem da minha *amatxo* na secretária eletrônica: Itziar, o *aita* morreu. Pirilim! Pra minha irmã, contou assim: Ainhoa, sou viúva! Ela era foda até pra dar notícias ruins.

Voltei a Iruñea dias depois, pra ficar com elas. Preparei um jantar gostoso, compramos espumante, acendemos velas, estava tocando Billie Holiday. Brindamos por nós e brindamos por ele. Recordamos coisas bonitas dele, e coisas estúpidas, e coisas horríveis. Cada uma foi contando como se sentia. Ainhoa exclamou: morreu aquele que sempre me chamava de inútil. Minha irmã fala muito sobre qualquer coisa, mas, sobre o que é importante, pronuncia as palavras justas. De pronto, minha *ama* se empenhou em me mostrar o obituário do meu pai. Eu: não. Ela: sim. As duas rindo. Teimosa e astuta, foi correndo buscar o jornal, escorregou, se arrebentou no batente da porta e, com um rio de sangue na testa, nos disse: a última porrada do maldito pai de vocês. Acabamos as três no chão, derrubadas por um riso incontrolável.

Meu *aita* se chamava Ramón, Ramón María Guindo Liberal, e acreditava na reencarnação. Aposto que teria adorado voltar a este mundo e não machucar as mulheres que amava. E ser mil vezes mais feliz do que foi. Chorei muito quando ele morreu, chorei amargamente sua solidão e seu fracasso. Também por ele luto pra derrubar o patriarcado: não quero que siga fabricando homens que são abismos, nem mulheres que caem no abismo por amá-los.

Pobreza e Sobrevivência

O operário é o dono dos meios de produção ou meu caralho alado.
A mais-valia do patriarcado

*Como qualquer mulher do povo, sei que tenho
mais força do que aparento ter.*
Evita Perón

*Ele tem lampejos geniais, mas é um estúpido.
Ainda assim, seu pronome dirige o mundo.*
Sayak Valencia Trian

Numa tarde distante e luminosa em Bilbao, escutei a socióloga feminista Blanca Fernández Viguera esmiuçar como o casamento empobrece as mulheres, o divórcio empobrece as mulheres, a viuvez empobrece as mulheres. Com dados e argumentos. Foi há mais de vinte anos e nunca esqueci, também porque a realidade está sempre confirmando isso. Esta é a vida da minha mãe, narrada como um assalto econômico permanente por ser mulher neste mundo. Ou a feminização da pobreza no caso de Maribel Ziga.

Apesar de ter ajudado uma professora de gramática a corrigir as provas das suas colegas, minha *amatxo* não pôde ir à universidade cursar Filosofia e Letras. Esse era o sonho dela, mas, nos anos cinquenta, uma mulher não deveria viver longe de sua família. Por isso começou a trabalhar ainda adolescente na mercearia de uma tia dela, na rua Mañueta. Ajudava em casa e sobrava pros seus gastos: livros, tabaco, algum casaco bonito... Sempre teve muito estilo se vestindo. Não sei se chegou a trabalhar em outro lugar até os vinte e cinco – já não resta ninguém a quem eu possa perguntar –, quando passou a ser funcionária no economato das minas de Potasas, o único contrato laboral de sua vida. Na seguridade social consta que minha mãe ficou ocupada por quatro anos e nove meses, ainda que, como quase todo mundo, tenha trabalhado até poder se aposentar.

Minha *ama* estava encantada pelo economato, pela cumplicidade e pelas risadas com as colegas e com as mulheres dos mineiros, mas largou esse trabalho ao se casar: meu pai morava em Donostia e lá foi ela. Naquela época, era preciso contribuir ao menos cinco anos pra ter direito a uma aposentadoria paga, ela contava com o fato de que faltavam apenas alguns meses. Depois, aumentaram o tempo mínimo pra quinze. Mas minha *ama* só tinha trinta anos e, a princípio, o casamento era pra vida toda. De fato, por aqui as mulheres não puderam se divorciar até 1981. Minha *ama* se casou em 1969, com um vestido branco, porém mini, capuz de pele alva sobre seu cabelo curto. E saltão. Como multidões femininas sob o patriarcado, desde a noite neolítica dos tempos, minha mãe estava à frente das leis, dos costumes e dos homens.

Meu *aita* ficou órfão quando criança, era o caçula. Suas irmãs e seu irmão pagaram a faculdade dele em Madrid, onde se formou em vida louca. Voltou a Iruñea sem diploma, e seu irmão logo o chamou pra trabalhar na empresa que havia montado em Donostia. Minha *amatxo* começou a passar os fins de semana com ele, e, obviamente, o plano era o de que o trabalho dele era mais importante do que o dela, e que por isso morariam em Donostia depois de casar. Meu tio, que só vi uma vez na vida, era atacadista e tinha várias peixarias na cidade. Quando ele e meu *aita* cortaram relação – era óbvio que cortariam –, cedeu uma delas no bairro de Gros ao irmão caçula. E esse era o plano que esperava por minha *amatxo* em sua nova vida matrimonial em Donostia.

Vou te tratar como uma rainha, você nunca vai ter que trabalhar. Ha! E não é que minha *amatxo* ansiasse ser dona de casa, essa não foi a vontade nem o destino da imensa maioria das mulheres ao longo da nossa História, por mais propaganda sobre o eterno feminino doméstico que nos enfiem goela abaixo. Toda dominação nos dirá com alto-falantes que as coisas estão bem, que sempre foram assim e que são inevitáveis. Recém-casada, meu *aita* lhe disse: "Maribel, pode vir uns dias à peixaria? É que minha funcionária ficou doente...". E assim passaram dezessete anos. Ele madrugava pra ir ao porto, mas ela ia à peixaria cada vez mais cedo. Ainhoa e eu falávamos, rindo, que meu pai assustava as clientes, e essa era justamente a parte mais estimulante pra minha *ama*, o trato com as compradoras e as pessoas do bairro. Sempre foi muito sociável e uma grande tagarela.

Embora meu pai tenha estudado pra ser contabilista, era ela quem se ocupava da contabilidade. Uma vez por semana, pegava a caixa de madeira com as faturas e fazia contas sob a lâmpada fluorescente da cozinha. Minha *ama* tinha pintado o teto da cozinha de laranja choque, como fiz com nossa cozinha quando ela morreu: na sua falta, me lembrei e precisei do nosso céu cálido e flamejante. Naquela cozinha da minha infância, onde quase morreu violentamente entre meus braços, minha *amatxo* ensinou danças bascas pra minha irmã e pra mim. Dançava *jota* endiabradamente bem.

A peixaria nunca foi bem. Quando outra crise financeira e cíclica do capitalismo irrompeu em 2009, nós dissemos: grande novidade. Lá por 1985, nossa geladeira estragou. Nunca tivemos dinheiro pra comprar outra, então a usamos como despensa. Com tudo isso, nos seus últimos anos de vida, minha *amatxo* chorava diante dos despejos que via na TV. Então eu me sentava ao lado dela, e compartilhávamos uma tacinha de vinho pra esquentar a alma ferida. Nem a violência machista em suas carnes nem a insegurança econômica insuperável eram páreo pra ela. Mas uma doença neurológica, que a foi tornando prematuramente dependente, chegou algumas vezes a azedar a sua proverbial alegria.

Minha *amatxo* tinha um truque pra pegar no sono quando era atormentada por problemas à noite: se o que me preocupa é que o dinheiro não nos baste, começo a pensar nos meus assuntos pessoais, e se o que me preocupa é pessoal, começo a fazer contas. E assim adormeço. Um modelo e tanto de pragmatismo emocional.

Durante os dezessete anos em que minha *amatxo* trabalhou na peixaria, não foi contribuinte. Meu pai sim, é óbvio. Pagava como autônomo. Nem preciso mencionar que meu *aita* não fazia absolutamente nada do trabalho doméstico; ao contrário, ele deveria ser servido. Água! Jantar! Pão! Uma palavra tua bastará pra me tiranizar. Que fácil é ser o *fucking* amo da casa, jogando com tanta vantagem estrutural. Machos: vadios, covardes, abusam porque podem! Eu me sentava à mesa na frente dele. Num almoço, quando ainda comia conosco, meu pai gritou: água! Mas quero que a Itziar vá buscar. Minha *ama* estava cozinhando, costumava ser ela quem o servia. Ralhou comigo, nos olhamos, me levantei, abri a torneira de água quente, esperei abrasar, levei pra ele, vai me dar na cara, sorveu, se queimou, sorriu, não houve surra. Acho que ficou orgulhoso de que eu o enfrentei aos nove anos de idade.

Como quase todas as mulheres deste mundo fodido, minha *ama* comprava, programava, cozinhava, esfregava, lavava, pendurava, recolhia, dobrava, passava, além de trabalhar na peixaria. Cedo, assim que minhas extremidades e meu cérebro se coordenaram com minha empatia com ela, eu comecei a me ocupar da casa. Minha irmã nunca o fez. Há pouco me dei conta de que se em vez de uma irmã, eu tivesse tido um irmão, não teria permitido que se encostasse tanto lá em casa. O patriarcado também é um jogo de espelhos bastante despistante. Não é correto "despistante", mas me deu muita vontade

Embora minha *amatxo* tenha sustentado a viabilidade de um macho, duas meninas e uma cachorra, nunca foi fundamentalista da limpeza, e eu adorava isso nela: insubmissa à sufocante perfeição doméstica patriarcalmente imposta às mulheres. Como minha amiga Merche costumava dizer de si mesma, minha *ama* era enganadora de casa. Com oito anos, subi num banquinho pra limpar um armário de canto e encontrei ali um pacote de macarrão vencido desde antes de eu nascer. As vizinhas falavam pra ela: Maribel, suas filhas têm piolhos. Assim como o bairro todo, vamos combinar, mas ela não tinha notado. E minha *ama*: ah, é?, enquanto, a poucos metros, Ainhoa e eu coçávamos a cabeça como dois mandris. Fomos despiolhadas por sua amiga Presen, que tinha uma vista melhor. Que nojo passar a noite com o cabelo ensopado de vinagre. Pra quê?! Emplastros dos anos oitenta. Sempre odiei o vinagre.

Não costumava esfregar as frigideiras por fora, vê-la cozinhar ao fogo era um espetáculo faquir. Muitos dos ataques do meu pai contra ela começaram com as reclamações sobre comida ou limpeza, mas nós sabíamos que eram desculpas, e havia tantas... A violência contra as mulheres é inerente ao patriarcado, e o patriarcado não nasceu ontem.

Sabemos que, dentro da divisão patriarcal de poderes e trabalhos, eles ficaram com a parte de fingir que sabem coisas de homens. A torneira não fechava direito, meu pai abria a caixa de ferramentas, minha irmã e eu nos colocávamos em posição de ajudantes. Chave inglesa, martelo, taquepariu, chave inglesa, torneira de merda, já tô de saco cheio... Muitos taqueparius depois, costumava anunciar: tá, a torneira já não pinga, mas também não funciona. E nós riamos muito daquilo. E dava medo, sim: com ele tudo dava medo. Óbvio que não tínhamos grana pra chamar um encanador, mas isso sequer se cogitava: os homens tinham que saber dessas coisas pelo fato de terem nascido com bolas.

Quando, perto de completar cinquenta anos, minha *ama* estava decidida a se separar, comprovou algo que já sabia: que meu pai nunca tinha contribuído por ela. Dezessete anos perdidos pra aposentadoria dela. Depois, ao colocar o apartamento de Rentería à venda, descobriu que ele, além disso, só tinha registrado no nome dele, embora tenha sido pago com os escassos lucros da peixaria, onde ela também trabalhava. Tem mais: uma tia da minha *amatxo*, chamada nada menos do que Casimira Ziga, tinha aportado uma grana significativa no momento da compra. Não fez diferença por conta da comunhão de bens, mas a evidente tentativa de apropriação do meu pai já diz tudo.

Como anarquista, sei que a propriedade é um roubo; e como feminista, sei que a propriedade é um roubo às mulheres. A propriedade também é um roubo aos povos originários, a continentes inteiros, à imensa maioria humana, à fauna e à vegetação em declive, à terra, à água, ao ar... Basta dar uma olhada no mundo pra saber disso.

Apesar de ser minha *amatxo* quem atendia as clientes na peixaria e fazia as compras da casa, era meu pai quem detinha o dinheiro. Antes de fechar, ao meio-dia, ele recolhia as cédulas daquela caixa de madeira que parecia forrada de musgo e algas, e guardava no bolso. Como tantos homens, nunca teve uma carteira: o dinheiro bem coladinho nas bolas. Minha *amatxo* tinha que pedir dinheiro pra compra semanal, assim ele sublinhava seu domínio até no mais básico.

Quantas *coplas* e outros relatos populares avisam que as mulheres sempre buscam os bens dos homens, que os enganam pra consegui-los. Tadinhos deles, tão nobres! Nos ensinam que as mulheres se sujam por grana, como se não pudessem se independizar dos homens. Basta observar o que se pensa socialmente das putas pra compreender que, caras senhoras, não podemos ter a posse do dinheiro. O que se pode é rejeitar as putas em plena luz do dia, mas ninguém despreza sua grana, muito pelo contrário. É o que Fernanda Pardo Pérez, A Fernanda, chama de pão de cona, o pão de buceta. Foi o que essa hipnótica foragida de madeixas flamejantess me disse com todas as letras em seu célebre monólogo num bar de A Coruña, em 2009.

Caso reste alguma dúvida: nós, mulheres, somos 50 por cento da população mundial, realizamos ¾ do trabalho mundial, mas possuímos 10 por cento do dinheiro e 1 por cento da propriedade. ONU *dixit*. Não dá vontade de sair pra rua com um lança-chamas? Patriarcado, capitalismo e colonialismo: o trio caveira. Amigos pra sempre!

Ele sempre pechinchava, mas sabia muito bem que a quantia que dava pra minha *ama* não era suficiente pras compras básicas. Certo dia compreendemos. Toda semana, minha *amatxo* pegava alguma nota da calça dele. Aproveitávamos quando saía de seu covil pra ir ao banheiro, Ainhoa e eu ficávamos a postos, dois pontos estratégicos no corredor, pra avisar à *ama* quando ele voltasse. Assim conseguíamos o dinheiro extra e imprescindível. Até que numa tarde ele entrou no banheiro, entornou a porta e saiu num instante: queria nos pegar em plena operação de furto retributivo. E disse à *amatxo* em tom ferido e novo para ele: acha que não sei que você sempre me roubou?... Roubou o caralho! Ela tinha acabado de comunicar que queria a separação. Ele passou de lobo a cordeiro, estrategicamente.

Quando venderam nosso apê operário, com seu jugo e suas flechas decorando falangistamente a fachada, dividiram o dinheiro meio a meio. Minha irmã de dezessete anos e eu, de catorze, ficamos com a *amatxo*. Meio a meio: pura equidade patriarcal. Não lembro bem dos valores, mas acho que cada metade era um milhão e meio de pesetas, em 1988. Minha *ama* tinha 49 anos, duas filhas pra criar e ia empreender uma vida nova em Iruñea. Meu *aita*, 57. Faltava pouco pra se aposentar, ele sim tinha contribuído os anos que precisava. Apesar disso, acabou ficando com quase todo o dinheiro da venda do nosso apartamento, com a parte dele e com a da minha *amatxo*. Porque, naquela encruzilhada, não chegaram a se separar.

Minha *amatxo* alugou um apezinho pra nós três no bairro de Donibane, a um minuto da casa da minha *amona* e da minha *izeba*, a meio minuto da sua amiga Lucía. Térreo com dois quartos, sala, cozinha e banheiro, comunicados por um corredor que ela percorria dando pulos de alegria, estou vendo. Finalmente vivíamos livres, sem ogro e fora do quartel feminino. Fomos nós três visitar pela primeira vez, decoração meio versalhesca e litúrgica, nos apaixonamos. Fomos com a dona, uma senhora educadíssima e católica, depois ficamos sabendo que era do Opus Dei. Quando estávamos indo embora, nos disse que tinha um casal na nossa frente decidido a alugar, cheirou à estratégia comercial. E aí, na despedida daquela casa que tinha que ser nossa, minha mãe, ateia, virou pra senhora, sorriu com seu jeitinho próprio e ofuscante e, diante do maravilhado espanto das duas filhas, disse: que Deus lhe toque o coração. Mas foi ela quem tocou, e entramos imediatamente em nosso paraíso.

A *villavesa* (assim chamamos o ônibus urbano em Iruñea) que me leva à estação de trem passa na frente do que foi a janela do nosso banheiro. Dali eu olhava as luzes da noite, ardendo pelo meu presente e meu futuro. Dava pra uma avenida de cidade provinciana, pra minha fome adolescente de vida: Manhattan, Berlim, Barcelona, Babilônia... Trinta anos depois, me inundo inteirinha de felicidade cada vez que a vejo.

Os aluguéis eram bastante mais razoáveis naquela época, e minha *amatxo* logo começou a faxinar casas. Também contávamos com a grande parte da sua metade da venda do apartamento de Rentería. Ela estava vivendo um segundo namoro com meu *aita* depois da separação familiar e ia pra Donostia passar vários fins de semana. Dormiam na pensão dele, no bairro antigo de Amara. Meu pai e eu não tivemos contato naquela época, não era a primeira vez que acontecia. Durante minha infância, ficamos um ano sem nos falarmos, morando sob o mesmo teto. E outro durante minha adolescência. Porque ele se enfiou na nossa casa paraíso, óbvio. Naquele Natal, o segundo que eu passava em Iruñea desde que tínhamos começado nossa vida nova sem ele, a *amatxo* perguntou pra Ainhoa e pra mim: tudo bem se o *aita* vier cear com a gente? Falamos que sim, óbvio. *Ama*, sempre contigo. Assim funciona o patriarcado.

Naquela época, meu pai andava metido num negócio ilegal com caça-níqueis ou algo assim, e propôs que minha *amatxo* fosse a investidora. Ela deu o dinheiro e ele se autoerigiu operário: era comunista. Veja: minha *amatxo* trabalhava muitas horas fazendo faxina, pagava o aluguel do apartamento no qual ele passava cada vez mais tempo, os boletos, o imposto predial, os gastos extras, os livros do colégio da filha estudante... e era a chefa capitalista! Ele ia e vinha, incomodando sempre. Ia passando diferentes quantias dos seus negócios pra minha *amatxo* e, lógico, sem prestar conta alguma. A típica relação entre operário e patrão, Marx teria exclamado: justamente o que eu descrevo em *O Capital*! É certo que minha *amatxo* recebeu a mais-valia em forma de porrada. Ainda que nessa época não rolassem mais surras. Bater deve cansar e ele já tinha certa idade. Principalmente, eu já tinha certa idade: não era mais aquela menina que não podia defender a mãe. Os insultos e o desprezo permaneceram sempre. Marx e meu pai tinham outra coisa em comum: os dois trataram mal as mulheres de suas vidas.

Minha *amatxo* foi a incrível empresária capitalista jamais vista durante três anos; andávamos cada vez pior de grana. Num almoço em novembro de 1992, meu pai tentou me estrangular na cozinha quando eu disse que nunca esqueceria a violência dele contra minha mãe. Assim chegou nosso ponto de não retorno familiar. Falei pra *amatxo* que eu podia ficar dentro de casa com uma amiga, escondida no meu quarto, caso ele reagisse violentamente. Respondeu que queria comunicar o "acabou" sozinha. E foi embora, nunca mais o vimos.

Quando ela perguntou pro meu *aita* como ficariam o negócio, seus benefícios e o milhão de pesetas que tinha investido, ele respondeu: o operário é o dono dos meios de produção. Essa foi a tomada patriarcal do Palácio de Inverno.

Dessa vez, se separaram legalmente. Eu tinha acabado de começar meus estudos universitários, meu *aita* se comprometeu legalmente a nos passar uma quantia mensal que nem lembro mais, até porque só recebemos uma vez. Naquele tempo não havia mecanismos processuais, nem empenho em pressionar a enorme quantidade de pais separados que escapuliam de pagar as pensões às suas ex-esposas. Minha *amatxo* sequer cogitou denunciar ele. Pra quê? Ela pagou minha faculdade.

Ela me passava uma quantia mensal pro aluguel e pra vida em Bilbao, menor do que a que a maioria das minhas colegas recebia de suas famílias, mas que eu fazia render. Naquela época as mensalidades das universidades eram pagáveis e tínhamos bolsas boas: tornou-se verdade aquele desejo reivindicativo de que as filhas das operárias chegassem à universidade quando ter um diploma já não garantia arrumar um emprego na sua área, lógico. Lembro do primeiro dia de faculdade, éramos cento e oitenta aspirantes a jornalistas só na nossa sala, e tinha mais duas turmas, outra de castelhano e uma de euskera, igualmente lotadas: o riso nos invadiu. 1992.

Eu tinha direito à bolsa máxima pela minha precariedade familiar, e recebemos durante os cinco anos de duração do meu curso. Eu não podia trancar, tinha isso. Não conto pra posar de heroína, que vergonha. Não entendo as pessoas que sugam seus progenitores economicamente. Minha *amatxo* não pôde frequentar a universidade por ser mulher e assegurou que uma das suas filhas, a única que quis estudar, chegasse lá. Com tudo contra, e dizem que somos o sexo frágil e que minha mãe era uma pobre mulher maltratada!

Nunca me jogou na cara o esforço que tinha feito, nem me pressionou a perseguir o aparente triunfo social, sequer a estabilidade econômica. Não era resignada, nem presunçosa, nem temerosa, era mais livre do que a maioria. Sua forma de amar sem invadir foi muito boa pra minha autoconfiança e pro meu lugar insubordinado no mundo. Mas fico feliz de que no momento de sua morte eu já tivesse publicado três livros, rumo ao quarto.

Pra que lhe fosse concedido um apartamento subvencionado pelo Estado, precisou colocá-lo no nome da minha *amona* também, assim sua pensão por viuvez contaria. Com o que minha *amatxo* ganhava, não chegávamos ao mínimo. Hoje é nossa casa. Até os 65 anos, quando o avanço da distrofia miotônica de Steinert tinha diminuído sua mobilidade, e sem direito a aposentadoria alguma, foi trabalhadora em casa alheia. Pluriempregada, mal paga e sem contrato. Ainda em 2020, as empregadas domésticas não possuíam direitos trabalhistas equiparados com o resto do proletariado, e falo das que chegam a ter contrato. Existe um regime laboral pra todos os trabalhos, e outro, especial e inferior em direitos, pro trabalho doméstico em casa alheia, realizado quase 100 por cento por mulheres pobres. Hoje, majoritariamente imigrantes. Como na prostituição, somos penalizadas por cobrar pelo que nós, mulheres, devemos fazer de graça.

Minha *ama* completava 65 anos no dia 1 de junho e seu plano pouco empolgante era tramitar alguma pensão não contributiva, a insegurança econômica espreitava mais do que nunca. Meu *aita* fez o favor de morrer cinco dias depois. Nos últimos dez anos de vida, minha *amatxo* recebeu uma pensão por viuvez relativamente boa para ser o que era, uma pensão por viuvez. Não pela quantia: seu último recibo, de janeiro de 2014, rondava em torno de setecentos euros. Mas existem viúvas mal vivendo com quatrocentos euros por mês, depois de uma vida inteira trabalhando e cuidando. Além de se ocuparem de sustentar a viabilidade das suas famílias, do trabalho não reconhecido, não pago, sem feriados, nem férias, nem direito à rescisão, o que se chama de 24/7 de dedicação à vida alheia, muitíssimas delas trabalharam por um salário sem contrato e sem contribuição, numa economia submersa, como minha *amatxo*. Agora mesmo recebem 52 por cento da pensão do marido: 2020. Em 2002, entrevistei várias ativistas viúvas guerreiras em Barcelona: naquela época recebiam 46 por cento e prometiam a elas que a porcentagem subiria rápido. Elas não acreditavam e não paravam, é óbvio. Rapidíssimo: 8 por cento em 18 anos. Infame. Pergunte pra qualquer aposentado quanto ele recebe de pensão: a mulher dele terá que viver com a metade disso quando ele morrer.

Que bom pro Estado que essas gerações de mulheres que trabalharam como mulas, sem contribuir, já vão morrendo. Esse descaso econômico terrível e concreto desaparecerá junto com elas. Na Índia, foram queimadas; aqui, mataram elas de fome. A pobreza e o desamparo das nossas viúvas deveriam nos envergonhar enquanto sociedade mais do que qualquer outra coisa.

Os homens casados/juntados com uma mulher vivem mais do que os solteiros. As mulheres casadas/juntadas com um homem vivem menos do que as solteiras, é uma verdade estatística e tem um nome: vampirismo heteropatriarcal. Valerie Solanas chamava isso de parasitismo, e tinha um plano.

Também dizem que nós, mulheres, vivemos mais porque falamos mais. Minha *amatxo* se grudava na TV como uma ventosa cada vez que entrevistavam Carmen Maura e Concha Velasco, adorava a naturalidade delas. Duas gênias narrando como foram arruinadas pelos homens de suas vidas.

Uma bela tarde, pouco antes da *ama* morrer, Ainhoa e eu nos divertíamos rememorando grandes momentos do canalha do nosso pai. Aquilo de que o operário é o dono dos meios de produção como desculpa pra não devolver o dinheiro da *ama* sempre fez a gente se mijar de rir. Ela não lembrava de muitas coisas; memória seletiva, suponho. Contamos que ela continuou pagando o imposto do furgão dele quando já tinham se separado definitivamente. Quando Ainhoa e eu descobrimos, nos disse: me deixem, eu durmo mais tranquila sabendo que ele não vai perder o furgão. Minha *amatxo* nos escutava como se ouvindo passagens da vida de qualquer mulher. E soltou essa, rindo: eu fiz todas essas besteiras por amor? Como fui tola!

Revolução

No fim, o ópio do povo era o patriarcado

*Ignoramos nossa verdadeira estatura até
que nos colocamos de pé.*
Emily Dickinson

*Testariam sua força comigo?
Nem fodendo.
Todo mundo sabe que não há nada mais forte
do que uma mulher destruída que reconstruiu
a si mesma.*
Hannah Gadsby

Sem comunidade, não há liberação.
Audre Lorde

Eu completei quinze anos naquele verão. Desci às festas de Tudela[15] com umas colegas do colégio. Unidas mais por certo desterro adolescente do que por qualquer afinidade. E por essa vontade louca de forçar a diversão. Em algum momento, numa área alheia à festa, passou por nós com pressa uma mulher com uma menina. Em seguida foram alcançadas pelo homem furioso das sombras, elas estavam prestes a entrar num saguão. Ele começou a bater na mulher com essa brutalidade aterrorizante que tão bem conheço. A menina olhava petrificada pra mãe, devia ter uns sete anos. Desceu o cacete nela de um jeito que nunca vi um homem descarregar em outro homem: uma vez que começam, não sabem nem querem parar. Elas têm uma resistência corporal sobre-humana. Eu olhava tão petrificada quanto a menina, a poucos metros. Tudo desaparece, não conheço outro estado de concentração maior do que tua necessidade de que ele pare de bater na sua mãe. Parou, e foi embora gritando uma das frases recorrentes dos agressores: não faz isso comigo de novo.

    Elas nunca fizeram nada. Por isso é impossível prever o próximo ataque. Você se acostuma a viver nessa incerteza, ou algo assim. Até que a ameaça cotidiana desaparece, até que você se livra do macho. E, desde o primeiro instante, seu corpo se admira e se apavora por você ter conseguido viver com um medo desses na sua própria casa.

    A mãe e a menina entraram no saguão, sentaram no primeiro degrau. Esperei alguns segundos e me dirigi a elas. Eu não tinha um plano. Assim que a mulher me viu, elas desapareceram escada acima.

    Passaram trinta anos e ainda me dói não ter podido ajudá-las. Se bem que não sei de que serviria o consolo de uma adolescente cuja mãe ainda não tinha conseguido se livrar do nosso próprio monstro. Verão de 1989: não existia 180 pra ligar, ninguém metia a colher diante dos gritos de uma mulher, e as maltratadas suportavam a violência e a vergonha sem poderem sequer desabafar. Tínhamos todo o sistema contra a gente. E, muitas vezes, sinto que ainda temos.

15 [N.T.] Festa típica de Navarra em homenagem a Santa Ana.

Fiquei chorando na rua, desconsolada e em silêncio, como aprendi a chorar quando pequena, pra evitar que meu pai usasse minhas lágrimas contra minha *amatxo*. Não queria compartilhar meu choro. Minhas amigas me olhavam meio desconfortáveis, meio pasmas, o foco estava na minha reação mais do que no que tinha acabado de acontecer diante dos nossos olhos. O namorado de uma balbuciou o típico: um homem de verdade não faz isso. Respondi, emputecida: ele fez isso precisamente porque é um homem.

Me senti sozinha, destruída e impossível. Perdi toda a vontade de festa, não lembro de mais nada daquela noite. Deu branco total.

Eu tinha vinte e quatro anos e estava presa num relacionamento de merda. Devia ser umas onze da manhã, conversava com o dono de uma nova livraria gay de Bilbao, que tinha acabado de conhecer. Benditas bixas! Uma mulher madura e vivaz entrou na loja. Ela nos perguntou se a gente sabia por que o espaço da Assembleia de Mulheres de Bizkaia, que ficava bem na frente, estava fechado. "Escutei um anúncio no rádio: falaram que, se estiver sendo maltratada, é pra vir aqui. Pelo horário, deveria estar aberto. Tenho uma amiga que precisa de ajuda". Fui até a rua com ela, chamamos de novo. Não tinha ninguém dentro. Voltamos à loja e caiu nossa ficha de que era feriado de Natal, não iam abrir. O rapaz e eu começamos a pensar pra onde ela poderia ir. Ele, decidido e empático, fez várias ligações em busca de algum centro de atendimento público. Foi mandado de um lado pro outro, comentamos como era injusto que dificultassem assim as coisas pra tantas mulheres que estavam vivendo um inferno em casa. Cagamos no patriarcado. Contei que meu *aita* era um agressor e que tinha sido muito difícil nos livrarmos dele, mas que minha *ama* já estava a salvo.

Aquela mulher não pretendia voltar pra casa sem alguma luz pra essa amiga que era ela mesma. Ela me contou isso no bonde, a caminho de algum órgão da província de apoio à igualdade onde o dono da livraria gay conseguiu que fôssemos atendidas naquela manhã mesmo. Não lembro aonde fomos, mas jamais esquecerei da desatenção daquela garota parapeitada atrás da

mesa, num escritório luxuoso lá pela zona do museu Guggenheim e, principalmente, do desprezo com que cortou aquela mulher valente e em perigo chamada Karmele, quando esta desabotoava a camisa pra nos mostrar os hematomas. "Não precisa me mostrar isso. É desagradável".
Dezembro de 1998. Meu sangue ainda ferve.

Naquele momento, puta da cara, decidi não enfrentar aquela funcionária sem coração; a manhã estava sendo desanimadora o suficiente pra Karmele. Priorizei sua tranquilidade, e logo lhe diria que seu corpo maravilhoso nunca seria desagradável. Muito menos pelas marcas da violência do marido dela. Disse isso depois, com as palavras que fossem. Mas desde que saí do escritório, e pelo resto da minha vida, voltaria, se pudesse, àquele instante, pra soltar essa pra aquela mulher: desagradável? não te dói? você não tem empatia? Você por acaso sabe quão libertador é mostrar a alguém esses hematomas que elas passam a vida escondendo? E, se estivéssemos as duas sozinhas: posso falar com sua chefa pra que ela te bote pra tirar xerox até você aprender a lidar com pessoas?

Fui atravessada então pelo mesmo desamparo de uma década antes em outro escritório. Estávamos resolvendo pendências em Donostia e, perto da catedral del Buen Pastor, vi uma placa num portal que anunciava algo sobre ajuda às mulheres. *Ama*, vamos subir? Ela já planejava se separar. Entramos, a mãe e a filha, ela com 48 anos e eu com 13, nos sentamos diante da nossa interlocutora. Nunca tínhamos feito algo assim, nunca tínhamos pedido conselho legal numa instituição, nunca tínhamos verbalizado a violência do meu pai diante de uma pessoa estranha. Digamos que era abril, 1988. Fomos atendidas por uma mulher decidida, que explicou pra minha *amatxo* todos os direitos que ela teria ao se separar. O justo, como a casa deveria ser dela pelo fato de ficar com as duas filhas menores. Minha *ama* abriu o coração: é que não quero que ele fique sem nada. E recebeu um: seu marido te bate e você não quer prejudicá-lo?! Volte quando estiver pensando melhor. Enterrou a conversa e nos expulsou dali.

Saímos escaldadas e retomamos nosso passo. Se minha mãe nunca aceitou o tom de superioridade do meu pai, não ia aceitar o de mais ninguém, mesmo que pretendesse defender ela. Aquela foi a primeira vez na vida que vi como se maltrata socialmente as mulheres maltratadas. Dói demais, sempre.

Aposto que aquela advogada ou coisa que o valha aprendeu a tratar bem as mulheres em apuros; pelo menos sentia raiva contra a violência dos machos, embora canalizasse tão mal. Não sei como se supera a barreira emocional, a indiferença e a cara de nojo da desalmada que desprezou Karmele na minha frente, mesmo sendo uma pirralha. Caso tenha continuado trabalhando com mulheres nessa encruzilhada, sem dúvida deve ter se tornado mais forte e mais sensível com o tempo, pra poder acompanhá-las e pra enfrentar o machismo que viesse a atravessar sua própria vida de alguma forma.

Além de tomar bronca por andar mostrando esse corpo desagradável e machucado, Karmele não recebeu ajuda nenhuma. Denúncia blábláblá. Não podemos fazer nada, dessas palavras eu lembro. O sistema sempre falha em proteger nós, mulheres, inclusive em 2020, quando escrevo. Duas décadas depois.

Ela pedia que alguém, em representação dos poderes públicos, desse um toque no marido dela, que mediasse por ela. Não me parece má ideia. Ele tinha voltado a bater nela depois de anos. O desprezo cotidiano se manteve sempre, é lógico. Está enraizado demais pra eles evitarem. Até pouco tempo, maltratava sua cachorrinha pra fazer Karmele sofrer. Típico também. Não lembro, mas acho que as surras foram interrompidas assim que o filho teve idade pra defender a mãe. Acontece em todas as casas, principalmente se houver filhos homens. Karmele devia rondar os sessenta anos e o filho já era um homem, mas tinha acabado de levar um fora da namorada e estava afundado. Então o marido aproveitou pra voltar com as surras. Assim me contou ela no metrô, de volta pra casa. Lembro onde o filho trabalhava, lembro do nome dele e do nome da namorada, que Karmele pronunciava sem desdenhar.

Aquela mulher ferida, lúcida e resolvida, desceu em Neguri. Nos despedimos com carinho e sem escândalo, como boas bascas. Não voltei a vê-la e não sei o que houve com ela. Nunca a esqueci.

Continuei minha viagem até Plentzia, onde eu morava. Entre o batzoki[16] e a igreja, no inverno mais escuro da minha vida. Meu namorado e um amigo dele, que era visita, me esperavam em casa com a comida pronta. Cheguei moída e sem fome. Contei a eles o que tinha me acontecido e que precisava ficar sozinha. O frio irradiava de dentro de mim. Enchi a banheira e me submergi na penumbra. O banheiro era um camarote sem janela, agradeci por aqueles azulejos pretos. E chorei sem lágrimas por Karmele, pela mãe e pela filha que não pude cuidar na festa de Tudela, por minha *ama*, por minha irmã, por mim... Chorei as dores de todas as mulheres deste mundo fodido, chorei nossa formidável resistência, abraçada pela água morna. No inverno mais escuro da minha vida, soube que era feita da mesma matéria que minha *amatxo*. Descobri, com vinte e quatro anos, que se essa pessoa de quem eu tinha escolhido gostar porque me tratava bem começasse a me tratar mal, eu não seria capaz de romper. Que queria sair dali, mas não conseguia. Que pra mim é terrivelmente difícil ir embora quando há um vínculo, mesmo que esse vínculo me faça mal.

Como nessas cenas assustadoras de filmes, nas quais drogam uma mulher, quase sempre uma mulher, de modo que ela fica imobilizada, mas consciente de tudo. Pra abusar dela, óbvio. À la Bill Cosby: dezenas de mulheres que ele estuprou, paralisando-as com uma tacinha de vinho envenenada, confirmam. Seu corpo segue ali, exposto e sofrendo, enquanto você deseja e precisa ir embora. Mas não pode. Não pode ainda. Essa é a maldição que impregna nas mulheres neste mundo fodido e machista.

Cada uma na sua casa e um macho na casa de todas

O patriarcado é o único sistema de opressão no qual opressores e oprimidas coabitam e mantêm um vínculo afetivo: os latifundiários não compartilham a cama e a mesa com as pessoas desterradas, tampouco a oligarquia burguesa com a classe operária que explora. Existe uma razão para os casais interraciais

---

16 [N.T.] Centro social de reunião do partido nacionalista basco.

serem apontados como desviantes, adivinha quem vem perturbar seu supremacismo esta noite? Contudo o patriarcado situa os homens acima das mulheres em convivência permanente, e por isso é tão sufocante, tão intestino, tão complexo, tão onipresente.

Se você edifica historicamente uma sociedade na indissolubilidade da família hétero-nuclear, você programa metade da população – e justamente essa metade que gera em suas carnes as novas vidas humanas – pra que cuide e sustente a família indissolúvel acima do próprio bem-estar, e a outra metade da população pra que seja o Deus dessa família indissolúvel: superior, adorado, temido, inquestionável, terrível, como um Deus: o drama está servido. Cada uma na sua casa e um macho na casa de todas. O patriarcado destrói a comunidade pro Império explorar o povo. As famílias têm que ser indissolúveis pra que as pessoas não sejam pessoas, não sejam assembleia, não sejam comuna, não sejam revolução, não sejam uma horda imparável que destrói a casa do amo ao amanhecer. No fim, o ópio do povo era o patriarcado.

A Santa Feminicida Inquisição não foi uma besta sanguinária e piromaníaca; sabia muito bem o que fazia. Pra submeter nós, mulheres, tentaram impedir que defendêssemos umas às outras, toda reunião entre vizinhas era suspeita de ser um sabá de bruxas. Conheciam e temiam a força que temos juntas, como identificamos nitidamente o inimigo, e por isso repetem pra nós que a mulher é a loba da mulher. Ha! E quem procuramos quando precisamos de força e de amor pra nos separarmos desse homem que é nossa desgraça? As amigas, as irmãs, o feminismo.

Desde que o patriarcado existe, existiram lutas de mulheres e outras párias: sabemos disso. Mesmo não tendo ficado registradas na História dos homens, nem nós mesmas, nem nossas lutas. Queimar alguém em vida não é apenas um sadismo extremo: sob a cristandade significava a única forma de que sua alma não transcendesse, de apagar sua memória.

Tornar-se feminista, quer dizer, descobrir que você não está sozinha, que toda essa raiva justiceira acumulada não só tem um nome, como também tem um movimento revolucionário com uma genealogia grandiosa e, principalmente, tem um plano, é um êxtase incrível.Mesmo para quem cresceu naquela enlouquecedora simulação patriarcal da normalidade, mesmo para quem, como eu, vivenciou a versão mais gore do machismo. Tenho 45 anos. No começo, senti que ninguém ligava que minha mãe pudesse morrer espancada em uma tarde qualquer em nossa cozinha. Depois, soube que sempre havia mulheres gritando nas praças que estávamos sendo mortas, e que as coisas precisavam mudar pra que fossem melhores pra todo mundo. Eu me uni a elas, a uma longa, obstinada, tenaz e irrenunciável revolução, pra que as mulheres saiam vivas e livres das cozinhas. Fomos conseguindo que cada vez mais gente escutasse que estamos sendo mortas. Fomos cada vez mais, até transbordar as praças com multidões feministas nos últimos anos. Nunca soube se chegaria a viver isto, mas passei a vida toda esperando por este momento. Pela primeira vez, realmente acredito que podemos derrubar o patriarcado.

O bicho ao qual mais nos parecemos é o bonobo, uma espécie símia que pratica compulsivamente o sexo e a empatia. Acoplam-se em todas as combinações anatômicas e genéricas imagináveis: elas e nós somos as únicas mamíferas que às vezes nos olhamos nos olhos enquanto trepamos. Também gravitam se beijando. A fêmea mais velha manda benevolamente e, quando algum membro do grupo rompe com a amabilidade grupal, é desterrado ao canto selvático da reflexão. Dias depois, vão em sua busca. Pra ser reintegrado, deverá lamber a buceta da mandachuva até ela cansar, algo que sempre fazem com deleite. Apenas 1,85 por cento nos diferencia geneticamente. Na prática, um abismo.

Habitam as frondosas e úmidas selvas da África Central, pertinho de outra espécie símia que são como que seus primos machões, os violentos e patriarcais chimpanzés. Quando um ou vários machos agridem uma fêmea, é difícil defendê-la, porque as diferentes alturas dos galhos deixam muitos flancos vulneráveis: vivem nas copas das árvores. Em algum momento, há muito tempo, houve chimpanzés que começaram a pisar na terra e a se verticalizar: daí vêm os bonobos. Então, quando uma fêmea era atacada, suas irmãs podiam fazer um círculo intransponível ao redor dela. Não se sabe quanto tempo durou esta mudança, mas os machos, diante do enfrentamento comum, pararam de agredir as fêmeas. E pouco a pouco seu funcionamento grupal passou do ataque e do medo à cooperação e ao amor. Esta é a prova mais remota e inspiradora de que o feminismo pode transformar o desastre em algo habitável e divertido. Bonobo significa ancestral num antigo dialeto bantu.

O que faz uma garota como você em um patriarcado como este?

Não lembro quando começaram esses sonhos, mas eles acontecem ao longo dos anos desde quando eu era pequena. Sempre é ele, um homem. Desconhecido ou próximo, inclusive meu pai. Costumo estar com uma amiga. Fugimos. Sabemos que ele vem nos matar. Às vezes decidimos enfrentá-lo, e então eu acordo. Em outras, ele nos caça. Sempre tem um momento em que podemos nos defender. Mas as pedras parecem de borracha, as facas se derretem, nossos braços pesam demais, não consigo gritar, as pistolas só disparam ar. E ele tem superpoderes. Com frequência, ao final, estou sozinha e aliviada. Uma madrugada eu acordei de súbito, o espírito do meu *aita* tinha vindo matar minha mãe. Ele já tinha morrido: ela, ainda não. Estávamos as duas escondidas numa alcova minúscula de um casarão gótico, ele ia nos caçar. No final, fui enfrentá-lo.

2018. Uma garota de dezenove anos conta pra câmera chorando que foi atacada sexualmente por um desconhecido na entrada da casa dela. Desceu com o lixo e o indesejado a seguiu. "Comecei a tremer, a gritar. É tão diferente quando você vivencia. Eu sempre pensava: se acontecer comigo, ah, vou meter a porrada nele... Mas não consegui". Ele sim, socou e meteu a mão nela. María gravou a si mesma pouco depois, já em casa, jogada no chão enquanto esperava a ambulância. Seu estado de pânico quase a impedia de falar. No dia seguinte voltou a se gravar, destruída, mas perfeitamente capaz de explicar como sua vida tinha acabado de mudar, como o medo da violência dos homens tinha se instalado dentro dela. Dos mil comentários do vídeo, muitos são de caras dizendo que ela é dramática. Eu só quero dar um abraço nela e penso: outra nova geração de mulheres prejudicadas pelo patriarcado. Outra nova geração de feministas.

Fico alerta cada vez que entro sozinha num saguão. Meu estado de ânimo não muda, mas reparo se alguém vai entrar ao mesmo tempo que eu. Sempre, não importa a hora. Desde que aquele desconhecido me atacou sexualmente no elevador da minha *amona* quando eu acabava de fazer 16 anos, e hoje tenho 45. E vai me acontecer enquanto eu estiver viva. Assim vivemos as mulheres.

Naquele verão, saí de férias com minhas amigas do colégio. Foi horrível. Sentia pânico na praia, ao meio-dia, rodeada de gente. Lembro de um passeio ao entardecer. Éramos três, uma estrada local com casinhas aos lados. Passava um carro ou outro. Elas conversavam e riam. Eu me sentia como um animal encurralado à beira do abismo. Mas não podia verbalizar meu terror. Achava que, se contasse, aquilo que eu mais temia aconteceria. Também lembro que pensei: nunca mais a brisa suave de uma tarde de verão voltará a me sugerir promessas em minha pele. Tudo pressagiava ameaça...

Passaram trinta anos de tardes amáveis, passeios com amigas que evocam um romance de Jane Austen e não a matança do Texas, elevadores sem lobo feroz, muito feminismo, algum assédio ou outro, mas nunca tão paralisante quanto o primeiro, deliciosos desafios ao medo e à decência, oficinas de autodefesa, superação do hétero-destino, sexo e êxtase sem perigo... Mas sempre que volto ao saguão da minha *amona*, celebro que há anos foi todo reformado até ficar irreconhecível. E que o espelho do elevador já não é aquele que refletiu o terror de uma adolescente.

E ainda me acontece. Caminho sozinha pela noite, tranquila, enquanto a cidade dorme. Ou me deito no meio do bosque e abraço aquela menina que, numa tarde remota, temeu nunca mais curtir a sensação de ser livre, plena, possível.

Verdades sejam ditas. Por questões biológicas, médicas e políticas, você terá uns 50 por cento de probabilidades de chegar a este mundo machista sendo catalogada como mulher.

Sendo mulher, terá bastantes probabilidades de sofrer violência machista concreta e grave: a ONU estima que uma de cada três mulheres no mundo é vítima do patriarcado, ou seja, somos prejudicadas por homens de uma maneira significativa, que condiciona e define nossas vidas. E você não terá nenhuma possibilidade de ficar a salvo dessa violência machista. Pode uma pessoa de cor não branca se livrar da experiência do racismo? Toda vez que você for discriminada, assediada, ignorada, espoliada, humilhada, maltratada e/ou estuprada por ser mulher, o mundo vai olhar pro outro lado, não vai te escutar se você levantar a voz, vai te culpar de ter provocado o dano sofrido, vai te acusar de mentir e/ou vai te vitimizar de um jeito sujo e degradante. Você também terá muitas possibilidades de ser obrigada a morrer: a violência machista é a primeira causa de morte entre mulheres de 15 a 44 anos neste mundo, à frente do câncer. A ONU que disse. Sendo mulher num mundo machista, você encontrará uma rede energizante e revolucionária, tecida entre nós desde que o patriarcado existe, chamada feminismo.

Tamaia!

Desde fevereiro de 2000 eu morava alegremente em Barcelona, onde trabalhei como correspondente pra um meio feminista basco. Ganhava pouco dinheiro, suficiente pra mim. Nosso sonho, o último periódico feminista em papel, durou três maravilhosos anos e meio: o milênio começava, a internet estava prestes a se massificar e transformar nossa maneira de ficarmos informadas e conectadas. Um coletivo de mulheres afetadas pelo câncer de mama, chamado Agata – em homenagem à santa rebelde que fatiou as próprias tetas pra evitar ser entregue ao casamento –, acabava de pedir ao Parlamento da Catalunya a legalização da maconha pra fins terapêuticos. Conseguiram. Aquela foi uma das minhas primeiras reportagens e me transformou pra sempre.

    Lembro de como me dirigi à sede do Agata pensando que nem o assunto nem elas pareciam muito potentes, careciam da radicalidade política que me inflama: saí dali engrandecida e sabendo justamente o contrário. Eu vinha do movimento feminista e naquela tarde compreendi que o que conhecia era só a ponta do iceberg de uma imensa, incessante e transnacional revolução de mulheres pra derrubar o patriarcado. Uma circunstância adversa da vida as tinha situado duramente diante da subalternidade, que aprenderam por serem mulheres num mundo machista, diante da falta de reciprocidade nos cuidados do seu entorno, diante da negação social da sua sexualidade. Mas elas tinham até uma campanha, com um lema nada gracioso: *Ou vomitamos todas, ou aqui ninguém vomita!* Observar como se apoiavam e a profundidade de suas lutas me encheu de orgulho e me fez transitar mais segura por este mundo fodido. Porque há uma rede tecida entre nós que nos acolhe pra nos defendermos juntas das violências sistêmicas que assediam nossas vidas por sermos mulheres. Essa rede estava prestes a ajudar a sanar minhas feridas patriarcais mais profundas.

Naquela manhã ensolarada de novembro de 2002 que mudou minha vida, fui cobrir as jornadas de um projeto com um nome misterioso e sugestivo, Tamaia. Sabia que trabalhavam contra a violência machista, que era seu décimo aniversário e não muito mais. Cheguei ao CCCB [Centro de Cultura Contemporânea de Barcelona], na parte alta do Raval, e me sentei entre o público. Respirava-se uma amabilidade vigorosa, pela qual desejei ser abraçada na hora.

Várias mulheres foram contando o impressionante trajeto de suas vidas. Como começaram seus relacionamentos, nos quais deveriam ter sido cuidadas e foram menosprezadas, machucadas, humilhadas, pisadas. Como, durante um tempo, desejaram com todas as forças que seu amor pudesse mudar os homens. Como se sentiram presas e sem forças pra sair daquele inferno cotidiano. Como souberam que tinham tudo contra para ficarem em segurança, elas e suas crianças. Como esse precioso amor por si mesmas, tão prejudicado pelo maltrato, foi nascendo nas entranhas delas. Como moveram montanhas e se separaram. Como seguiram em frente decididas e sem trégua, mesmo com essa angústia interior que parece sua, mas você sabe que não é totalmente sua. Como se sentiam como se regressassem de uma guerra que não tinha acabado ainda, porque eles continuavam disparando à distância. Como encontraram a Tamaia, como as terapeutas foram acompanhando e guiando seus processos de liberação mais importantes, mais profundos, mais luminosos, até desfazerem essa maldita angústia e nunca mais se sentirem miseráveis. Como falavam em voz alta porque podiam e porque tinham escolhido fazer isso, por todas nós.

Tê-las na minha frente, altivas, mostrando suas feridas patriarcais, que são as feridas do mundo, me atravessou docemente até o fundo da minha dor e do meu medo. Na volta da pausa pro almoço, antes de subir em casa, me sentei ao sol na escadaria da praça George Orwell. Olhei pra habitual mistura de turistas e batedores de carteira da rua Escudellers, olhei pras minhas botas brancas de verniz, olhei pra minha vida e soube naquele momento que já não havia nenhuma possibilidade de que eu fosse impossível.

Voltei à tarde, entrevistei elas e, dias depois, quando tinham acabado as jornadas, liguei novamente pra elas. Oi, sou Itziar, do periódico feminista basco, venho da violência machista e quero a ajuda de vocês. Marcaram uma data próxima pro primeiro contato. Eu estava emocionada e, ao mesmo tempo, me sentia um pouco impostora. Fui recebida por Bea, uma das fundadoras da Tamaia: basta eu pensar nela pra sentir que todo ar da Terra chega aos meus pulmões. No primeiro dia, comecei exclamando que, assim como eu, minha mãe, minha irmã e uma amiga que estava num momento ruim deveriam estar ali também. Porra, eu realmente preciso desta terapia, pensei enquanto as palavras brotavam da minha boca. Durante aquele ano precioso e crucial, pude reconstruir meu amor-próprio guiada pela sabedoria de Bea. E compreendi minha primeira reação de estranheza: não negava que precisava de ajuda, mas temia não merecê-la.

Aprendendo a (me) amar

Por experiência pessoal e por conhecimento político, que cresceram comigo se retroalimentando vigorosamente, sustento que a recuperação emocional das mulheres, meninas e meninos que sofreram maltrato machista, também dos homens que exerceram esse maltrato sobre suas companheiras e famílias, deve ser facilitada através de terapias desenvolvidas, não por acaso, por feministas. Vejamos: toda terapia se centra nas vivências individuais, mas não é a mesma coisa ter sobrevivido a um acidente de trânsito ou às surras do seu marido. Quando as mulheres estavam condenadas legalmente a serem violentadas na própria casa, quando do maltrato machista só ouvíamos os gritos da vizinha ou da nossa própria mãe, uma vez morto o ditador, foi um movimento feminista incipiente e assombroso quem montou as primeiras casas de acolhimento. Tamaia vem daí.

Elas se perguntaram: o que ocorre nas entranhas depois do perigo cotidiano? Só quando você começa a ficar calma, consegue ouvir suas dores mais profundas, chegar nelas, abraçá-las, dançar com elas, deixar de temê-las, chorar sua pena, respirar fundo, se olhar por dentro e ver luz, olhar pro mundo com toda a sua vontade e ver sua luz, sem medo. Afastar a fatalidade, desfazer a angústia. É muito difícil que uma mulher maltratada siga adiante sozinha, é maravilhoso se sentir acolhida enquanto ilumina seu interior, pra que nada do que aconteceu possa te fazer sentir fracassada. Com a Tamaia, aprendi a não me adiantar à dor, a não me esquivar, a não temê-la. Fiz o acervo da minha própria sobrevivência emocional e pude revisar minha vida com um amor novo, um amor que já tinha dentro de mim.

É estranho não se gostar, precisam inculcar isso na gente, de fora e com vantagem. Lembro nitidamente do instante em que o sortilégio aconteceu. Estava no meu horário de terapia mensal e Bea disse alguma coisa de que não me lembro. Exclamei, chorando: queria me olhar com a mesma benevolência com que você me olha. Desde então, me vejo com o amor que me devo.

Outra das coisas mais importantes que aprendi com a Tamaia foi a ficar calma, a escutar minhas entranhas, a reconectar com minha intuição. Lembrei que sempre, inclusive quando estava me enfiando na boca do lobo por conta própria, talvez mais do que nunca, uma fisgada na boca do estômago me indicava o que era bom pra mim e o que não. Outra coisa era a dificuldade em acolher isso, em cuidar de mim mesma. Mas sempre senti esse burburinho por dentro. Ninguém gosta de ser maltratada, muito menos pelas pessoas que amamos.

Eu repetia pra mim: ele não me bate, não caí na mesma armadilha que a *amatxo*. Mas, no fundo, eu sabia que os jogos de poder, as mudanças repentinas de humor, as reclamações, os dramas, a tentativa de controle sobre minha vida e de me isolar, o ciúme, toda aquela angústia cotidiana não eram um amor de cinema. Era a mesma merda.

Naquela época eu já tinha tido vários desastres amorosos, e ainda tinha mais complicações em forma de casal e também em forma de amizade. Quando gosto de alguém, é difícil terminar, aconteça o que acontecer. E pra quem não é? Mas já não me fustigo por isso, já não me sinto miserável. Parei de me dar aquele ultimato terrível: isso não vai se repetir. E na vez seguinte em que quis largar um relacionamento pesado e foi difícil, não pensei: a terapia não me serviu de nada. Pelo contrário, reconheci nitidamente o que estava acontecendo e contei com toda a confiança em mim mesma pra saber que sairia gloriosa. Não para de aparecer gente nova que me faz vibrar, e a alteridade multitudinária é uma aventura que vou aproveitar enquanto viver: essa é minha autêntica vitória, não ter me fechado pro mundo.

Um ano e meio depois de ter concluído minha terapia de recuperação emocional com a Tamaia, um menino desconhecido me estremeceu. Sentado, desenhando numa das salas daquele prédio gigante no distrito de Eixample, onde antes ficava *Ca la Dona*, centro nevrálgico e morada do feminismo em Barcelona. Tanto faz onde eu estiver, nem preciso fechar os olhos pra percorrer de novo, feliz e leve, o espaço onde encontrei o cuidado e a orientação pra me recuperar das dores profundas que a violência do meu pai e do patriarcado tinham infligido à minha alma. Era um menino de uns oito anos. Parecia tímido, tranquilo. Talvez triste. Sua mãe estava em terapia na sala contígua. Olhei pra ele e soube que essa criaturinha já tinha conhecido o inferno. Mas que sua mãe sairia logo daquela sala que sempre adorarei, forrada em madeira clara, com grandes janelas viradas pra uma dessas ilhas frondosas que são os pátios do Eixample. E que sairia dali menos desestruturada.

Desci pela Via Laietana, atravessada por essa hora violeta fluorescente, brilhante e promissora, que em nenhum outro lugar é tão bonita como em Barcelona. Be estava lá em casa, um garoto trans belga que acolhemos em sua chegada a Barcelona e por quem eu tinha me apaixonado igual a uma adolescente. Sentados no sofá, desabei a chorar. Com lágrimas. Falei do menino, falei de mim, falei do quão feliz eu ficava de saber que as mulheres que sofriam violência, e suas crianças, já não estavam irremediavelmente sozinhas neste mundo, e falei do quão feliz eu ficava de finalmente poder chorar minha própria tristeza... Não sei com quais palavras, não compartilhávamos muitas, nem em inglês, nem em castelhano. Mas ele me entendeu, me acompanhou sem me invadir, me abraçou, e acabamos trepando naquele sofá, doce e ardorosamente.

Dori e a intuição feminina

Uma vez bateu num nazi. Eu soube disso pela minha amiga Itxaso, sua neta orgulhosa. E há dois anos tive a imensa sorte de que ela mesma, com seus 96 anos esplêndidos, me contasse. Da porrada no nazi e outras histórias portentosas. Percorreu o mundo com o Maitea, primeiro grupo coral de mulheres que cantou em euskera. Vestidas como vestais de Balenciaga, em pleno franquismo. Devia ser 1940 e, numa tarde de verão, Dori Gracia caminhava por sua Donostia natal. Asfixiadas: ela, a cidade, o país. Avistou um alemão bêbado na rua Okendo. Um daqueles nazis que Franco trouxe de férias. Dos que dançaram *jotas* freneticamente nos *sanfermines*, enquanto penduravam suásticas na rua Estafeta. Ela intuiu suas intenções estupradoras, não tinha mais ninguém na rua. E continuou caminhando, até meter nele uma porrada que lhe permitiu escapar. Brava!

Mais uma vez, fiquei maravilhada que a intuição sempre nos avisa: só precisamos escutá-la. E jamais nos culpar se não a acolhemos, ou se não tivemos opção. Mil vezes relembrei o calafrio que senti aos dezesseis anos, quando aquele desconhecido entrou atrás de mim no saguão da minha *amona*. Reconhecer a fisgada no estômago e relembrar que senti isso me tornaram mais forte pra não permitir ser destruída neste mundo. Ainda que, naquela tarde de domingo de agosto, tenham me trancado no elevador, do qual não só meu corpo conseguiu sair.

Pra nos enfiarem a superioridade masculina goela abaixo, nós, mulheres, somos socializadas de modo a nos desconectarmos de nós mesmas. Assim, o centro da nossa existência será externalizado sob a ameaça dos homens, para seu olhar e seus cuidados. Assim funciona o patriarcado, e é terrível: nós, mulheres, somos desintegradas por dentro. Mas passamos a vida toda nos recompondo. Compartilhando nossas histórias de violência e superação, rompendo o opressivo silêncio patriarcal. E nos animamos ao escutar que sempre houve mulheres que se livraram de um assediador. Todas nós de vários deles, se formos pensar. Embora outros tenham nos caçado. E que alguma, chamada Dori, inclusive bateu num nazi.

Essa coisa eletrizada que chamamos de violência

Uma noite de agosto de 2007, minha chefa Jan e eu papagaiávamos alegremente no fabuloso bar de vinhos e espumantes do Ginger. Estávamos embriagadas, nunca melhor dito, de uma das telenovelas do verão: o misterioso desaparecimento de uma menina inglesa de cinco anos, chamada Madeleine McCann. A família tinha passado as férias no Algarve quando a criança desapareceu, e naquele momento as suspeitas se dirigiram justamente à mãe e ao pai. Aparentemente, tinham usado soníferos infantis (infantis pra chamar de algum jeito). Prefiro meus monstros de menina insone do que ser drogada contra minha vontade! Inclusive, naquela época, uma família berbere apareceu na TV mostrando a certidão de nascimento da filha: um turista, movido pela morbidez midiática, tinha difundido uma foto da menina. Acontece que também nascem loiras no Atlas. A cozinheira se juntou a nós, uma iraquiana chamada Nazaha, que confecciona vestidos das mil e uma noites, como mil-folhas gigantes: vestiria um agora mesmo pra escrever. Contamos pra ela do que se tratava nosso papo: nunca tinha ouvido falar da tal Madeleine. Nunca esquecerei da resposta dela, nem da dor e da raiva em seus olhos enormes. Uma menina, tudo isso por uma menina inglesa! No meu país, morrem centenas de meninas e meninos todos os dias, e ninguém liga.

Basta pensar em nosso *star system* de vítimas de violência pra compreendermos em que tipo de mundo vivemos.

As violências sistêmicas que sustentam as estruturas de poder não serão percebidas como violências e terão muita probabilidade de ficarem invisibilizadas ou impunes. Todos os genocídios que não aconteceram no centro da Europa; quer dizer, todos os genocídios da História menos um, aquele feminicídio fundacional na Europa e nas suas colônias que foi a caça às bruxas, todos os feminicídios e ataques sexuais cotidianos e massivos aos corpos feminizados, as inaceitáveis carnificinas médicas realizadas contra crianças diagnosticadas como intersexo e que são sacrificadas pra que no patriarcado continuem existindo apenas homens em cima e mulheres abaixo, a dor encoberta que a transfobia nos gera, os desprezos, as surras, estupros e assassinatos de bixas e sapatãs em todo maldito mundo, os incomensuráveis crimes em nome do supremacismo branco e os racismos pequenos, terríveis e incessantes, dia após dia, as fronteiras exterminadoras dos Estados que conquistaram o resto do planeta, esse cemitério de almas desesperadas que é o Mediterrâneo, as invasões gôlficas, os capacetes azuis em missões de paz estuprando mulheres e meninas, cada um dos milhares e milhares de padres que estupraram meninas e meninos durante várias décadas de suas vidas predadoras, apesar das denúncias e com conhecimento da Igreja, tanta tortura policial, absolutamente todas as prisões do mundo, os centros de detenção de imigrantes e os centros de internação de menores, tantos hospitais psiquiátricos... A gente fica sem ar.

As violências não sistêmicas que atacam as estruturas de poder serão percebidas como as piores das violências, superdimensionadas nos telejornais e na História oficial, cruelmente castigadas. Resumindo, somente as violências legitimadas não são consideradas violências: no fim das contas, mantêm-se as hierarquias estabelecidas historicamente. E somente as violências ilegitimadas são consideradas violências.

Por alguma razão as denúncias de tortura policial, por mais verificáveis que sejam sob esse protocolo de Istambul validado pela ONU, quase nunca chegam aos tribunais. E por alguma razão as raríssimas ocasiões em que um agente da lei é condenado, recebe um indulto do Governo antes de entrar na prisão. Esses ultrajes aos direitos humanos estão perto demais pra não serem vistos. Por alguma razão, igualmente só nos julgamentos por violência machista se questiona sistematicamente a vítima, inclusive depois de morta. Em que merda de mundo vivemos pra que Asun Casasola, mãe de uma mina gatíssima e valente chamada Nagore Laffage, brutalmente assassinada por um macho, tivesse que aguentar que o jurado lhe perguntasse se a filha dela era promíscua se – logicamente e porque a matou – o julgamento era dele? O supracitado feminicida (evito teclar nomes vis, acaricio cada letra dos nomes delas) era um psiquiatra do Opus Dei. Assim que saiu da prisão, continuou trabalhando como médico. Ter torturado e assassinado uma mulher não parece que lhe afetou muito. Nem os poderes públicos parecem se importar em deixar as pessoas que precisam de ajuda nas mãos de alguém assim.

As manchetes salivam com o nome e o histórico do maior assassino em série dos EUA. Assassino em série não, feminicida! Matou 93 mulheres e desabafa agora, encarcerado, às portas da morte. Poderia ele, ou qualquer um, ter matado 93 homens, um a um, sem ser detido antes? Nem precisa responder. Interromperam Aileen Wuornos no sétimo. Antes da injeção letal, garantiu: voltarei. Tinha sofrido abuso de homens desde que nasceu, morava na rua, era lésbica e se prostituía. Foi estuprada por vários clientes, até que, um dia, começou a matá-los. Aileen era tão lúmpen quanto as 93 assassinadas pelo mesmo homem e insignificantes para o sistema. Fugitivas, viciadas, *white trash*, negras, prostitutas...

Eu me nutro das nossas genealogias e da memória silenciada de todas as pessoas que lutaram antes de mim, em qualquer lugar, pra que o mundo fosse um lugar tão habitável quanto excitante. Estou muito orgulhosa dos nossos feitos, mas há algo que sempre me incomoda quando se venera o feminismo por ter conquistado tantas melhorias sociais sem derramar sangue (alheio, digo). Não gosto que nos falem, ou que falemos a nós mesmas: boas garotas, revolucionárias boazinhas. Não gosto que nos situemos nem que nos situem distintamente acima de outras lutas sociais. No binômio boas/más, todas perdemos e o patriarcado ganha.

Como se em nosso DNA de feministas, por sermos mulheres, estivesse escrito que nos defendemos sem violência. Algo viscosamente parecido com a programação patriarcal que nos prepara desde meninas pra não nos defendermos. Sempre que nos atribuem a bondade, estão nos chamando de bobas, frágeis, inferiores. E não fomos historicamente tratadas como se fôssemos mansas, muito pelo contrário. Se vocês dizem que somos tão boazinhas, mães queridas, anjos do lar, descanso do guerreiro, enfim, boas pros interesses de vocês, por que nos massacram milênio após milênio? O mal tem cara de mulher, a história ocidental da misoginia está encharcada do nosso sangue. E se nós, mulheres, somos malvadas de origem, como foram tratadas justamente as piores de nós, as rebeldes, as que conjuraram sempre contra o infausto destino patriarcal de suas irmãs?

As sufragistas, essas senhoras ridículas com grandes chapéus e plaquinhas? Há! Brigamos como leoas pra conseguir o voto feminino. Um século de insurgência, quase nada. Revolucionárias boazinhas? Pergunta pra elas se foram vistas como inofensivas: repressão policial e detenções incessantes, internação em prisões e manicômios. Tiveram até a oportunidade de inventar a greve de fome como estratégia de protesto, tanto tempo nos calabouços. Algumas inclusive passaram à ação direta e explosiva contra os bens dos capitalistas que bloqueavam o avanço, fabulosas Pankhurst! Emily Davison se lançou em 1913 ao cavalo do rei britânico numa corrida e fez isso pra exigir de maneira espetacular o voto feminino. Era uma sufragista impenitente, deixou bem explícito o que estava fazendo. Por isso tentaram tirar o valor e a gana de sua ação, chegaram a inventar que ela não se jogou, que tropeçou. Emily, desastrada, como todas as mulheres. Morreu poucos dias depois. Sua imolação ficou gravada, era o início do cinema. Sempre me fascina voltar a contemplá-la.

Da mesma forma, a insinuação de que nós, mulheres, não nos defendemos do patriarcado com audácia suficiente, porque não decidimos abater estrategicamente alguns machos, me incomoda. Essa reclamação me dá nos nervos. Dizer que somos melhores por não termos matado e dizer que não temos audácia por não termos matado é a mesma merda machista de sempre. As lutas feministas não são politicamente grandiosas pelo que não fizemos, mas sim pelo que fizemos.

A nuvem vermelha

Tá vendo aquela loira fugindo no bosque, boba, bem boba? Por que as loiras dos filmes sempre entram no bosque escuro quando o macho as persegue? Corre apavorada, mas corre: assim o caçador se excita mais. Pra ela, o bosque sempre será uma armadilha, como se ele tivesse visão noturna incorporada na retina. Por acaso macho é a porra de um ciborgue? E nós, loiras, não ficamos fluorescentes sob a luz da lua, garanto. Há pouco corri entre faias, pelada, descalça e eufórica, por todas as loiras fugindo do macho que somos obrigadas a ver, só pra nos demonstrarem que elas não têm futuro. Que delícia deve ter sido pra Kim Basinger conseguir matar naquele filme os cinco fedelhos que a perseguem pelo bosque na noite de Natal, não apenas pra matá-la! E, já bem louca, liquidou o marido agressor ao voltar vitoriosa pra casa!
    Quando menina, passei por uma fase briguenta. Como muita gente, vai. Você está descobrindo como se relacionar e as brigas sem consequências formam parte da infância, ou formavam. Também arriscava minha própria pele a cada jogo, meus joelhos marcados sempre vão ser testemunhas daquela época de automolação. A bicicleta que eu e minha irmã compartilhávamos não freava mais, por puro desgaste. No bairro servia pra quem quisesse se lançar estilo kamikaze. Ladeira abaixo, sem freios, e pedalando: eu experimentei. Metade de um dos meus dentes incisivos novos no cascalho: alguns meses antes e ao menos teria quebrado o de leite. As ladeiras do bairro Kaputxinos e a

despreocupação adulta foram nossa dragon khan[17]. Mas não vou ligar o modo "aqueles anos maravilhosos", detesto a nostalgia. Agora as crianças não sacrificam tanto suas peles no asfalto e muitos senhores se lamentam não poder assediar como antes; ops, cortejar. Agora é sempre agora, é a única coisa que temos. E a mais apaixonante.

Minha *amatxo* costumava lembrar como eu voltava pra casa toda agitada depois de ter brigado na rua, e eu explicava, levando uma mão à testa: é que se forma aqui uma nuvem vermelha. Não me sentia bem depois de ter batido em alguém. Aprendemos a gerir nossa ira, sempre. Nem os machos batem em qualquer pessoa ou em qualquer lugar: abusam porque patriarcalmente podem. Nem o sexo nem a violência são irrefreáveis nos homens.

Como todas as minhas congêneres, fui desenvolvendo maneiras de revidar o assédio que invade nossas vidas. Um homem fala, o patriarcado na boca dele: eu não bato em mulher. Ha! Com todo esse cavalheirismo, estão nos dizendo que somos inferiores. Vou completar a humilhante e escudeira frase: você não bate em mulher... em público. Calibro bem o oponente, é uma das minhas armas. Mas quando preciso revidar com violência, revido. Sou capaz de passar de um a mil num instante, todo mundo é capaz. Presumo que não sou apenas filha de uma mulher maltratada, também sou filha de um homem violento.

Lembro da primeira vez que soquei um tarado no bar: eu tinha vinte anos e nunca tinha reagido fisicamente quando uma mão não convidada pegava na minha bunda, aproveitando o amontoado de corpos. Normalmente, eu virava e berrava alguma coisa pra multidão de homens e eles riam. Naquela noite de festas de Lekeitio, minhas amigas, garotas e garotos feministas, compreenderam minha frustração na hora e me animaram: bate no que for. Eu já estava pronta pra finalmente devolver o golpe. Fui até eles, escolhi um rosto e pá!, com a mão bem aberta. Ele protestou. O resto já não riu. Eu me satisfiz. Perguntei às colegas: bati bem? Muitos anos depois, no Raval, perguntava a mesma

---

17 [N.E.] Montanha-russa situada em Tarragona, na Espanha.

coisa pra Jordi Di, uma bixa amiga minha em cujos braços me lancei depois de impedir que um macho ameaçador nos agredisse porque não podia me foder. Bati bem? Jordi Di respondeu, me pegando pelo rosto e sorrindo: só posso te dizer que você me deixou com tesão.

Chegou uma época em que minhas amigas e eu, quando íamos pra festas, parecíamos um comando: começamos a não deixar passar nada. Encarávamos os caras que nos incomodavam, que passavam a mão na gente, que babavam na gente: tiramos vários dos bares na porrada. Nas festas de Bilbao de 1996, penduramos um cartaz gigante na zona das *txoznas* [barracas de alimentação]: tarado, respeite nossa festa.

Há uns meses contei isso pra umas minas fantásticas de dezenove anos sentadas no chão da rua Calderería em Iruñea. Tínhamos acabado de nos conhecer, dançando num bar como bruxas. Eram incríveis, tão espertas, tão feministas, tão duronas, tão antirracistas, tão queers... Está chegando uma geração maravilhosa. Ultimamente, não paro de conhecer criaturas fabulosas de pele turgente, gênero desordenado, profundas e libertárias convicções que já não mantêm equidistância alguma a respeito de suas práticas, mais espertas e decididas do que eu era na idade delas. É óbvio que nem toda a garotada é tão bárbara, falta mais. Mas têm crescido seres inéditos que encarnam nossos melhores sonhos e parecem ter se poupado de vários dos nossos erros redundantes.

Avançamos no tabuleiro patriarcal, o feminismo foi socializado, a reação machista é evidente, nós não vamos parar.

Não sou uma boneca quebrada

Tem já uns vinte anos, num festival de cinema queer que eu cobri como jornalista e aproveitei como espectadora, vi um curta sobre violência em casais de mulheres, da República Dominicana, acho. Lésbicas incrivelmente valentes e generosas que contavam pra câmera sua grande dificuldade em se reprogramarem emocionalmente depois de relacionamentos amorosos em que foram machucadas. Uma contou como tinha sido ela a agressora, e me atravessou pra sempre. Era bastante masculina, falava com dor e calma de experiências extremamente duras, mas escolhia falar. O pai dela tinha sido um macho violento, como tantos. Cresceu naquele horror que tão bem conheço. Nunca se interessou pelos caras, nunca imaginou que trataria suas namoradas com a mesma violência que odiava em seu pai. Não se vitimizava, não se justificava, não estava confusa. Há anos fazia terapia e tinha muita dificuldade em se reconstruir, mas esse era o caminho dela e nem cogitava largá-lo. Tinha ficado muito tempo sem se relacionar, sem ter intimidade com alguém de novo. Não sabia como amar sem destruir e não queria se arriscar a machucar outra mulher. Mas quando a escutei, tinha começado um relacionamento novo, com muita cautela. E estava descobrindo, dentro da própria alma atormentada, outra forma de amar.

Não sabia, até tê-la diante de mim, na tela, mas diante de mim, o quanto me aliviava escutar alguém falando assim, do outro lado da violência e do trauma. Também se aprende a deixar de ser um agressor, bastam duas coisas imprescindíveis: vontade e ajuda terapêutica feminista. Tem uma coisa: sempre me pareceu muito curioso que a primeira e, até agora, única vez em que escutei um macho reconhecendo quão horrível foi destruir as mulheres que amava, esse macho fosse uma mulher.

A suspeita persegue as mulheres e os homens que crescemos em lares violentos e tivemos a coragem de falar sobre isso. Muito facilmente vão nos transformar tanto em vítimas, quanto em vitimários, categórica e indistintamente muitas vezes. Deles se espera mais que sejam agressores, lógico. Existem os lares desestruturados e a maioria dos lares, que, aparentemente, são estruturados. Pra mim, estruturado soa quase pior do que desestruturado, mas o que me soa pior ainda é essa dicotomia, como todas as outras. Azar, querida: no jogo das casinhas, você foi parar na escangalhada.

Como se a violência fosse uma mancha aberrante que não sai e que pertence a nós que reconhecemos termos vivido nela. Não por vontade própria, certamente, mas não faz diferença. Como se a violência fosse, além disso, uma mancha alheia a quem nos aponta sem ter vivido nela, ou de uma maneira menos reconhecível. Assim funcionam os estigmas: são tão utilizáveis quanto oportunistas e infames. Conjurei em minha vida e meus escritos o estigma de puta, mas não vislumbrei o estigma de maltratada, mesmo que me impactasse dolorosamente nas entranhas. O estigma de puta te deforma em mulher má, o estigma de vítima te rebaixa a mulher derrotada. Em castelhano, só se pode dizer vítima ou puta no feminino.

Sinto que passei a vida toda conjurando a ideia de que minha mãe, minha irmã e eu somos especialmente abjetas, bobas, marcadas, malditas, asquerosas, frágeis, sem conserto, desajuizadas, desmioladas, destruídas... Que Natascha Kampusch, a valente austríaca que foi sequestrada com dez anos, quando ia pra escola, por um homem que a manteve retida no sótão da casa dele, e que conseguiu escapar aos dezoito, esteja passando por uma depressão causada pelo terrível assédio que sofre *online*, ela nos diz sobre a merda de mundo misógino no qual vivemos. "Você deveria ter ficado no sótão, morra!" é uma das contínuas mensagens que recebe diariamente desde que conseguiu se libertar, há treze anos. Natascha cometeu muitos pecados patriarcais: sobreviver, contar, mostrar a cara, não demonstrar vergonha, pretender uma vida própria e livre depois do horror.

Quando voltei a Iruñea, em junho de 2009, pra curtir minha maravilhosa progenitora, conheci uma escritora colossal chamada Eider Rodríguez. Também tinha se criado em Rentería. Ela me perguntou em que escola estudei e se eu lembrava de uma menina chamada Sorkun. Sim, eu tive uma amiga de infância chamada Sorkun, a imagem dela me veio num instante. Uma criança poucos anos mais nova do que eu, algo que nessas primeiras idades costuma supor uma barreira intransponível. Mas fomos amigas, amigas daquelas que se esquecem do tempo conversando. Eider pressentia que tínhamos nos conhecido e me contou que Sorkun era cantora.

Quando voltei pra casa, procurei por vídeos dela. Tinha uma voz prodigiosa, e seus grandes olhos lembravam, pra minha irmã e pra mim, os da menina. Pouco tempo depois, numa tarde em Bilbao, nos reconhecemos imediatamente: tinham passado mais de vinte anos. O pressentimento de Eider não errou, têm coisas que só podem se atribuir às *sorginas* [bruxas].

Sorkun me falou sobre uma tarde da nossa infância, eu devia ter uns doze anos e ela, nove. Conversávamos na janela do meu quarto, eu estava dentro e ela fora, sentada no parapeito. Minha casa era num primeiro andar que parecia um térreo. Acho que procurávamos a aventura do limiar, o mundo é mais real quando você o transforma num palco. Acho que meu *aita* tinha me castigado, não podia ir pra rua. Recordei a cena, a brisa amável e promissora, mas tinha esquecido da nossa conversa. Sorkun me disse que falei do maltrato do meu pai, já naquela tarde. 1986. Fiquei emocionada de saber que descumpri tão cedo o sufocante silêncio patriarcal, pactuado contra nós.

Terminar este livro foi a coisa mais difícil que já fiz: precisei me dar em cada parágrafo a permissão pra contar minha história de violência. Minha própria história. Nem cogitei abandonar.
Eu não abandono a menina de doze anos que verbalizou o inconfessável com uma amiga, eu não abandono as minhas, tampouco os meus. A vergonha é o patriarcado, não é tê-lo vivido, não é viver obrigatoriamente nele. O futuro é este presente vibrante, brilhante, revoltoso, doce, libertário, amoroso, desobediente, sublevado, desgenerado, queer, feminista... e radicalmente nosso.

Agradecimentos

A meu querido e paciente editor da Melusina, José Pons Bertran (por acreditar em mim e por publicar o primeiro. E por me dizer numa tarde, diante de nossas gin tônicas: não tente escrever a partir do feminismo: haverá feminismo em tudo que você escrever).
  A Elisabeth Falomir, minha garota Melusina (porque enche de sua cálida agudeza até a mensagem mais burocrática).
  A Araceli Segura (por recriar as capas dos romances que minha *ama* devorava e por enfurecer há vinte anos com... esse pedaço de onda[18])
  A minha *izeba*, a irmã da minha *amatxo*, Josefina María Alejandra Ziga, a Jose (por nossos meios-dias de sexta no terraço do El Mosquito, pelo amor, pela sobrevivência compartilhada e pelas risadas)
  A Pili Ardaiz, a Presen Iruretagoiena, a Lucía Domínguez... Às amigas da minha *amatxo* e às minhas, a todas as humanoides, de qualquer gênero e desgênero, que decidem fazer-se AMIGAS (por tanto amor, por tanta alegria, por tanta intensidade, por tantas resistências compartilhadas. Porque a vida sem *sisters* não é nada).
  A María Perkances, a Eukene Hernández Arrieta, a Elena-Urko post_op, a Verónika Arauzo, a Laura Santone, a Maro Díaz (por cuidar das Ziga em momentos tão difíceis, assustando um padre do Opus que deslizou de ré, estilo Michael Jackson esculhambado e de batina, ao nos contemplar todas juntas, tão quentes e pervertidas, no quarto de hospital onde minha *amatxo* morreu).
  Ao coletivo de enfermeiras e outras facilitadoras, amorosas *sorginas* com ou sem uniforme, a todas as cuidadoras profissionais, a todas as cuidadoras, a nossa moldava platinada, Axenia, que protegeu minha *amona* até o final (por sustentar a vida, a morte, o amor e a comunidade).

---

18 [N.E] Referência ao EP "Ese pedazo de onda" da banda Les Biscuit Salés.

A Juan Arteaga, a Rodrigo Van Zeller, a Iván Santo, a Diego García Amatos, a Roberto Delgado, a Jordi Di, a Dudu Torres, a Koldo Arostegi, a Alfon Báguena, a Xabier Zelaia, a Omar Amor, a Miquel Gratacós, a Kevin Cotter Plutona Meva, a Peter el Chúngaro, a Anuar Daimon, a Iker Baque, a Jon Jiménez, a Joseba Verdugo Goikoetxea, a Sejo Carrascosa, a Javier Sáez, a Pablo Andrade, a Ramón Santos, a Iñigo Ranero, a Iñaki Andrés Alberdi, a Cristina Ratas, a Eloy Álvarez... A minhas belíssimas, valentes, nobres, leais e alegres bixas (porque navegamos juntas e gloriosamente revoltosas nas mesmas naves, passando pela quilha do patriarcado).

A Olga Muedra Benabarre e Rafael Molina Arruabarrena (porque soube que também existe amor de casal do bom ao conhecer vocês. E pelo amor que compartilhamos).

A minhas adoráveis vizinhas, as irmãs Cecilia e Txus Pérez Luquin, a todos os seres encontradiços (por esse carinho tão rico que muitas mulheres trocamos nos elevadores, e por me mandarem escrever quando me veem na esbórnia).

A Ibai Aiensa Laborda (por cuidar de mim e me sobre-excitar tanto enquanto escrevia este livro, embora só me deixem alcançar seu apoteótico corpo uma vez por mês).

Contra-agradecimentos

Ishtar:
cuide-me das águas mansas,
que das bravas
cuido eu.

Dados Internacionais de Catalogação na
Publicação (CIP) de acordo com ISBD
Elaborado por Vagner Rodolfo da Silva - CRB-8/9410

Z68f   Ziga, Itziar

A feliz e violenta vida de Maribel Ziga / Itziar Ziga;
traduzido por Maria Barbara Florez Valdéz
São Paulo: Crocodilo; São Paulo: N-1 edições, 2022.
104 p. ; 13cm x 21cm. Tradução de: La feliz y violenta vida
de Maribel Ziga.

Inclui índice.
ISBN: 978-65-88301-03-6 (crocodilo)
ISBN: 978-65-86941-89-0 (n-1 edições)

1. Biografia. I. Valdéz, Maria Barbara Florez. II. Título.

2022-392   CDD 920 CDU 929

índices para catálogo sistemático:
1. Biografia / 2. Biografia 920

crocodilo edições

coordenação editorial
Clara Barzaghi
Marina B Laurentiis

tradução
Maria Barbara Florez Valdéz

preparação
Yuri Bataglia Espósito

revisão da tradução
Marina B Laurentiis

revisão de prova
Dimitri Arantes
Juliana Bitelli

projeto gráfico
Laura Nakel

crocodilo.site
ig: @crocodilo.edicoes
fb: @crocodilo.site

n-1 edições

coordenação editorial
Peter Pál Pelbart
Ricardo Muniz Fernandes

direção de arte
Ricardo Muniz Fernandes

assistente editorial
Inês Mendonça

n-1edicoes.org
ig: @n.1edicoes
fb: @n.1edicoes

n-1 isbn: 978-65-88301-03-6
crocodilo isbn: 978-65-86941-89-0

Este livro foi composto com os
tipos Rotis Semisans e BluuNext.
Impresso em papel Pólen Soft 80g.